Günter Langenberg

Duftender Sake

Lyrische Schnapsideen

chiliverlag

Zuletzt im chiliverlag erschienen:
poesía del paraíso infernal – poemas y fotografías de la república dominicana (2013)
bis ans ende der zeiten, amen / sie ist ne domina (2013)
So (ne) Nette – Lyrische Poesie der Gegenwart im Sonett-Gewand (2013)
Sisypussy – Satirische Geschichten (2013)
Kunst, Kultur und Schizophrenie – Bühnentexte (2013)
Hinter dem Licht – KIMM-Stories (2014)
Zwischen Kuns tRäumen – Roman (2014)

1. Auflage April 2014
(c) chiliverlag, Franziska Röchter, Verl
franchili / 12
Die Rechte an den einzelnen Abbildungen und Texten liegen beim Autor.
Detaillierte bibliographische Daten sind unter http://dnb.ddb.de bei der Deutschen Nationalbibliographie abrufbar.

Lektorat, Gestaltung, Layout: Franziska Röchter
Coverfotos und Innenfotos: Günter Langenberg

ISBN 978-3-943292-12-1   www.chiliverlag.de

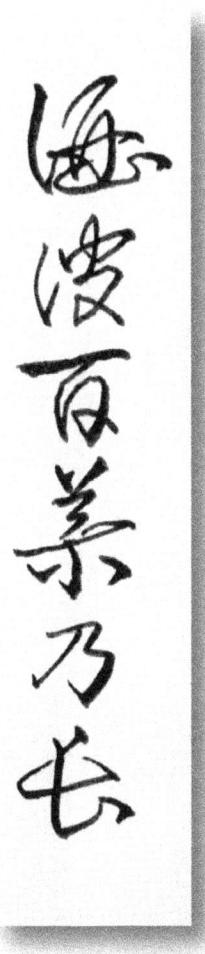

Sake wa hyaku-yaku no chō.

Sake ist unter hundert Arzneien die beste.

Für Etchan
Kaii-Roman
und
Arnd-Kisho

Vorwort

Ein Buch herauszugeben, welches sich thematisch ausschließlich um die verschiedenen Facetten des Alkohols dreht und noch dazu kein Sachbuch ist, könnte leicht zur verantwortungslosen Lobhudelei auf die berauschende Wirkung des „guten Tropfens" verkommen. Seit jeher leben speziell Dichter in einer meist symbiotischen und ambivalenten Beziehung zum Weingeist. So ist dieser Gedichtband dann auch ein Stück weit geworden: eine Hymne an die Lebenskunst, eine Beschwörung des Weingeistes als Seelenschmerz- und Allheil-Mittel sowie als Trostpflaster, ein Einblick auch in asiatische Trinkgewohnheiten, ein humorvolles Vademecum hochprozentiger Selbstmedikation mit verschiedensten Mitteln. Aber: immer wieder wird – wie z.B. in „Rotzlams feuchtes Ende" – auch in witzigen Reimen vorgeführt, was passieren kann, wenn man seine Grenzen nicht kennt. „Geistige Getränke" als Kulturbeitrag – hier international – und „Schnaps für die Seele": Günter Langenberg behält nicht für sich, dass die richtige Dosis der Schlüssel zum Erfolg ist!
Und dort, wo die anregende Wirkung der „fermentierten Beeren" – wie in diesem Buch – in ausgewogenem Einklang mit fröhlichem Humor und einem satirischen Blick auf das Leben steht und auch andere Gaumenfreuden nicht zu kurz kommen, kann man getrost sagen:

Kanpai!

Franziska Röchter, im April 2014

Vorglühen ...

Fünf Vierzeiler zur fröhlichen Einstimmung ...

Denk mal!
Hatt' erst gründlich nachgedacht,
dann ne Flasche aufgemacht.
Folglich dachte ich noch mehr
und schon war die Flasche leer.

Poetry Mix
Arg lange war der Dichter krank.
Jetzt trinkt er wieder. Gott sei Dank!
Da kommt der Wilhelm Busch hervor:
„Wer Sorgen hat, hat auch Likör!"

Fehlender Naturtrieb
Man trinkt meist zu wenig,
doch wenn man mal trinkt,
dann trinkt man zu viel meist.
Wo bleibt der Instinkt?

33 cl
Die Flasche Bier, sie steht vor mir
und will sofort geöffnet werden.
Ja, gibt's noch größeres Pläsier
als solche Willigkeit auf Erden?

Wochenendstimmung
Wer's freitagab'n's nach Hause schafft
mit Arbeitsstaub in tiefster Kehle,
der scheut sich vor Orangensaft.
Er gönnt sich Schnaps für seine Seele.

Trinken von A bis Z

Aperitif

abgenibbelt

alter mann am tisch
vor ihm glas mit gin
bisschen eis auch drin
stimmung träumerisch

bartür auf zwei süße
mädel gleich zur bar
äußerst ansprechbar
hübsche schlanke füße

göttlich diese beine
fast bis rauf zum gürtel
bitte sehr zwei viertel
weißen ui die eine

wahnsinnskurvenreich
alter mann bewegt
nahezu erregt
schweißfleck etwas bleich

blonde junge dinger
szenen voller spaß
gin im übermaß
hart ums glas die finger

augen aufs objekt
gierig schluck um schluck
plötzlich scharfer ruck
alter mann verreckt

Alle Jahre wieder

Schon im November fängt er an,
der Rummel mit dem Weihnachtsmann.
Dadurch verdrängt man dann den Rest,
den wahren Sinn vom Weihnachtsfest.

Und im Dezember muss man feiern,
die Weihnachtslieder runterleihern.
Advent, Advent, die Kerzlein brennen!
Lasst uns zur nächsten Party rennen!

Ist dann der Weihnachtstag gekommen,
zählt man sich lustlos zu den Frommen,
die brav am Weihnachtsbaume sitzen,
im Lichterglanz dramatisch schwitzen.

Das kommt ja nicht von ungefähr:
Kaum sind die Kuchenteller leer,
wird schon die Weihnachtsgans serviert,
das Mahl mit Wein und Schnaps garniert.

Ist unbeschadet man entronnen,
hat man das Leben neu gewonnen.
Man schwört beim Schwanz des Salamanders:
Im nächsten Jahr wird alles anders.

Alles mit Aal

Na, sagen Sie, Ihr Herr Gemahl,
der hat ja großes Potential.
Wie der da stand am Urinal ...
Fast wie beim Pferd, der breite Strahl.
Tja, wirklich ganz phänomenal ...
Doch ist er wohl nicht sehr sozial,
Ihr sehr verehrter Herr Gemahl.
Was er so spricht ist minimal.
Konversation scheint ihm egal
zu sein. Drum wirkt er etwas schal.
Gut, lassen wir ihn hier im Kral.
Zum Glück ist grade Karneval.
Das ist für ihn doch optimal.
Er geht als Blitzer, zeigt den Aal
und freut sich auf die Damenwahl.
Das hebt dann nicht nur die Moral.
Verzeihung, ich bin trivial!
Vergaß ich doch beinah total
den Wein zu unsrem Abendmahl.
Wär das nicht eine echte Qual,
ein Dinner ohne Wein? – Zumal
der gute Wein liegt im Regal
und wartet auf ein Bacchanal.
Wie wirkt der Sherry denn mental?
Spür'n Sie ihn nicht schon zerebral?
Mein Studio ist erste Wahl,
gemütlicher als ein Lokal.
Zum Wohl! – Ich trinke auf den Gral.
Oh, Elsa, Sie sind reizvoll schmal
in Ihrer Taille. – Ein Skandal,
was alles so passiert. Banal

das meiste. – Und Ihr Muttermal
am Kinn betont schön das Oval,
das Ihr Gesicht beschreibt. – Ein Pfahl
in Ihrer Seele, ja brutal
ist er bestimmt, Ihr Mann. – Loyal
durchschritten Sie ein Jammertal
an seiner Seite. – Stinknormal
für ihn, für Sie katastrophal.
Und Ihre Lippen, hübsch oral,
Ihr ganzer Körper orchestral.
Ein Tempel ... göttlich ... jovial ...
Warum nicht gleich horizontal
den Wein genießen? – Recht feudal
ist hier das Sofa, ideal
für unsre Zwecke allemal.
Ach, Liebste, darf ich Sie frontal
behandeln? – Denn der große Baal
drängt schon in seinem Futteral.
Der Dampfer will in den Kanal.
Sie meinen, das sei fiktional?
Ich missverstehe Ihr Signal?
Ach was! – Bei uns läuft's doch dual.
Sie sind jetzt zu emotional.
Vielleicht sehn Sie's mal mehr global!
Nicht wahr, er ist monumental,
ein Hannibal vor dem Portal.
Was wollen Sie denn mit dem Schal?
Nein, Elsa, warten Sie! – Ich zahl
auch gerne was dafür. – Den Aal

verberg ich lieber. – So vital
wie Ihr Gemahl – so funktional –

bin ich ja gar nicht; eh'r verbal
geprägt und etwas liberal
vielleicht. – Betrachten wir's real,
ein bisschen auch mal rational:
Sie brauchen doch mehr Kapital.
Ist meine Bitte nicht frugal?
Nur einmal dieses Ritual
so richtig eindimensional
mit Ihnen praktizieren, mal
so richtig ...! – Na ja, hormonal
wär das für Sie ein Kick. – Pauschal
dreihundert? – Was heißt hier Schakal?
Nun werden Sie doch nicht so fahl,
so blass ums Näschen! – Den Opal-
ring hier leg ich noch drauf. – Fatal
für mich! – Was soll das Lineal
in Ihrer Hand? – Wie ein Fanal!
Verehrte, schlicht diametral
sind unsre Wege hier. – Formal
gesehn war nichts. – Fast pastoral
der schöne Abend! – Kalt wie Stahl
trifft mich trotzdem Ihr Blick! – Den Aal
gibt's besser wohl ein andermal ...

Am Ende ist alles anders

Der Löwe löft. Der Trinker trinkt.
Das Löfen bald dem Löwen stinkt.
Jedoch dem Trinker ist das Trinken
auf Dauer ein Bedürfnis. Sinken
sieht man den Trinker ab und an
in Morpheus' Arme, weil er dann
mal „ruhen" muss. Wobei der Löwe
noch weiterlöft. Da lacht die Möwe.
Nach einer Weile hört sie auf
zu lachen, weil der Trinker drauf
und dran ist, sie am Federhals
zu würgen, und ihr jedenfalls
den Kopf verdrehen würde, was
– hier kommt das wirklich schön zupass –
den Löwen seinerseits zum Lachen
verleitet. Da kann er nichts machen.
Obwohl: Am Ende frisst der Löwe
den Trinker, während sich die Möwe
verwandelt und als Friedenstaube
davonfliegt. – Hier fehlt ei'm der Glaube,
glaub' ich. – Aber auch dem satten
Bewohner Afrikas im Schatten
des Leberwurstbaums geht's ans Leben.
Dem Löwen ist's nicht mehr gegeben.
Das Raubtier stirbt nach seinem Fraß
an Alkoholvergiftung. – Spaß
beiseite! Wichtig ist zum Schluss:
Die Friedenstaube ist ein Muss.

Amira

Ich sitz in Harry's Pub
in meiner Lieblingsecke.
Mein Blick geht auf und ab,
folgt dir auf jeder Strecke.
Er wandert mit dir hin und her,
denn er will unbedingt noch mehr
von dir heut sehn, Amira.

Wie du dich hier bewegst,
dabei die Hüften schwingst,
wie du mich leis erregst,
wenn du den Drink mir bringst,
verzaubern deine Augen mich
und warm ergießt dein Lächeln sich
tief in mein Herz, Amira.

Ich wag's nicht auszusprechen,
wie sehr verliebt ich bin,
muss deshalb weiterzechen
und schau zu dir nur hin,
verführerische, schöne Frau.
Ich sehe alles himmelblau,
oh göttliche Amira!

Die Audienz

Der Buddha sitzt vor meinen Augen.
Es int'ressiert ihn nicht die Bohne.
In Händen hält er ein Stück Laugen-
gebäck: ne große Brezel ohne

das grobe Salz, mit dem man Brezeln
normalerweise stark bestreut.
Er sieht nicht meiner Augen Rätseln,
warum die Brezel ihn erfreut.

Links neben ihm steht so ein Krug
– ein Maßkrug – vom Oktoberfest,
der voller Bier ist. Bier macht klug!,
denkt wohl der Buddha. East meets West.

Er isst die Laugenbrezel mit
erkennbarem Genuss und trinkt
danach die Maß. Ein Defizit
an Saufkraft – gänzlich ungeschminkt

bewertet – seh' ich bei ihm nicht.
Er leert den Krug in einem Zug
und zeigt ein freundliches Gesicht.
Was er dann sagt, klingt wirklich klug ...

Aufforderung zum Sekttrinken

Trinkt ihn, den schalen Sekt,
aus alten Sektschalen,
selbst wenn er nicht mehr schmeckt!
Trinkt ihn, ihr Halbvollju-
risten! – Wie unbefleckt
sind eure Westen! Die
weißen natürlich. Sie
schaffen euch den Respekt,
der euch fehlt. – Trinkt jetzt! Aus.

Ausgetrocknet

Es saß ein Frosch in einem Fass,
das keinen Wein mehr fasste.
Drum ward der Frosch im Fass nicht nass,
was er unfassbar hasste.

Gefangen hielt das Fass den Frosch,
gab ihm nicht Wein noch Wasser,
worauf des Frosches Licht erlosch.
Und jeder fragte, was er

– der Frosch – in einem Weinfass suchte
und wie hinein er's schaffte.
Dass er sein Schicksal dort verfluchte,
ein jeder müh'los raffte.

Noch lange gab's den Frosch im Fass.
Doch viel blieb nicht von ihm.
Vergänglichkeit ist wirklich das
beschissenste Regime.

ier

Bar jeder Vernunft

Vergessen wir, was war,
und geh'n wir in die Bar!
Da gibt's nur nette Leute.
Und das besonders heute.
Erst trinken wir ein Guinness
und denken an nichts Schlimmes.
Dann trinken wir mal Gin
mit ner Olive drin.

Doch Guinness hinterher,
denn das Bier schmeckt nach mehr.
Auch Wodka schmeckt nicht schlecht,
wenn man so richtig zecht.
Und lieber noch ein Guinness,
bevor der Abend hin is'.
Soll's noch ein Wodka sein?
Hier kommt jetzt Stimmung rein.

Und Guinness wird bestellt,
denn schön ist heut' die Welt.
Wo bleibt der Wodka nur?
Da kommt er dreifach pur.
Recht schnell das Guinness fließt,
wenn man's wie wir genießt.
Der Wodka fließt dazwischen,
um sich mit Bier zu mischen.
Die Bar ist einfach Spitze.

Hier lacht man über Witze.
Mehr Guinness muss jetzt ran,
dass man was trinken kann.
Und Wodka noch dazu,
dass man sich Gutes tu.
Was trinken wir denn jetzt?
Was andres als zuletzt.

Ob Whisky oder Rum,
uns wird der Kopf nicht dumm.
Ob Cognac oder Bitter,
wir saufen wie kein Dritter.
Und irgendwann ist Schluss,
der Weg nach Haus ein Muss.
Wir wanken aus der Bar.
Vergessen ist was war.

Beerenauslese

Alkoholisierte Raben,
die Vergorenes sich haben
einverleibt in Form von Beeren,
fallen auf durch ihren leeren
Blick und manches Missgeschick.
Oftmals ist ihr letzter Kick,
dass vom Baum sie sturzbesoffen
stürzen. Ihren Schnabel offen.
Bei ner Amsel ist's das Gleiche.
Unterm Baum liegt ihre Leiche.
Anders ist der Fall beim Uhu.
Der ist niemals derart zuhu,
doch er frisst – um das zu klären –
auch nicht fermentierte Beeren.

Die Beichte

Auf der grünen Rentnerbank
vor dem Dornenbuschgerank,
die schon hörte manchen Schwank,
beichtet mir der alte Frank:
„Nein, was war ich gestern krank,
als ich nach nem Kneipenzank
draußen in die Gosse sank
und – trotz mächtigem Gestank –
dort noch weiter Fusel trank!
Heute ist mein Hirn zwar schlank
und ich fühl mich fast so blank
wie ein leerer Panzerschrank,
doch ich leb noch. Gott sei Dank!"

Beim Wein mit Dr. Faust

Im „Roten Bären" sitze ich
beim Kaiserstühler Riesling
und denk' an dies und das und mich,
bestimmt an keinen Fiesling,

an niemanden aus Zettel's Traum.
Wer steht da in der Türe
und mittenmang sodann im Raum?
Mich reitet ne Wallküre!

Herr Dr. Faust (von Goethes Gnaden)
ist vis-à-vis und grüßt.
Er wolle seine Zunge baden
in Baden-Wein. Recht wüst

steht ihm das Haar zu Berge, doch
sein Blick ist klar und mild.
Was eben noch nach Ärger roch,
passt besser jetzt ins Bild.

Ich bitte den Herrn Dr. Faust
an meinen Tisch und lade
zum Wein ihn ein. Ein wenig graust
mich diese Maskerade.

Er mag den Wein und spricht ihm zu.
Wir haben viel gemein.
Er finde, sagt er, keine Ruh',
sei seelenlos allein.

Oft denke er an Gretchen noch.
Das helfe aber kaum.
Das Sein sei ihm ein schwarzes Loch.
Ihm fehle nachts ein Traum.

Ich fasse mir ein Herz und frage,
wo denn Mephisto weile.
Der sei, so Faust, echt eine Plage,
weil man ihm nie enteile.

Mephisto wirke wohl zurzeit
auf einer Hexenfete
und sei vermutlich hackebreit,
wofür er, Faust, auch bete.

Ich heb' mein Glas und proste ihm
gemütlich zu. Es helfe
vorübergehend, ganz sublim,
verrat' ich leis', die Elfe

des Rieslings, die vom Kaiserstuhl,
zu bitten, schöne Träume
zur Nacht zu schicken. Die sei cool,
kreiere keine Schäume.

Herrn Dr. Faust ist der Gedanke
wohl angenehm. Er leert
sein Glas und meint, es ranke
– und das sei nicht verkehrt –

sich weniger ums Seelenheil,
das ja zum Teufel sei.
Es gehe vielmehr um den Teil
der Story, den man frei

das Faustische zu nennen pflege.
Dem schenke er Gewicht.
Sein ruheloser Geist bewege
die Wissenschaft. Ein Licht

sei dieser Geist, das hell die Welt
erleuchte, uns die Tiefen
und Höhen klar auf jedem Feld
verdeutliche. In Briefen

an einen Freund sei dieser Drang
beschrieben. Doch nun strebe
er fort von hier, denn nächtelang
zu saufen, ihm nichts gebe.

So schnell er kam, so schnell ist er
auch wieder weg. Mir bleibt
ein starker Eindruck. Irgendwer
spendiert mir Wein. Der treibt

mich noch ein Weilchen an und hält
die faustischen Gedanken
in meinem Kopf, was mir gefällt.
Gerat' ich heut' ins Wanken?

Die Besinnung

Das Blau des Badesees ist heller
als das des Himmels. Rockefeller
zieht Schuh' und Socken aus und geht
ins kalte Wasser, das ihm steht
bis an die Knie bald. Und dann
besinnt er sich. Und irgendwann
wird's ihm zu kalt im Badesee.

Ein Rockefeller sich per se
nicht äußerlich ertränkt. Hingegen
kommt innerlich ein Trunk gelegen.
Zurück an Land in Schuh' und Socken
sieht man in einer Bar ihn hocken,
wo nach dem dritten Whisky er
sich gratuliert zur Wiederkehr.

Der besondere Abend

Baltischer Abend. Und wir sind dabei.
Gäste – die Schönsten – mit Business Attire.
Ich aber ohne Krawatte. Die Eier-
hälften voll Kaviar! – Feinschlemmerei.

Lachs und Piroggen und Sprotten und Käs'.
Himmel! – Wer könnte wohl alles benennen?
Finger-Food, Teller-Food. Breit das Gesäß.
Bier auch und Wein. Dann kommt Wodka ins Rennen.

Flaschen im Eismantel. Dideldumdei!
Wodka ins Gläschen, in dürstende Kehlen.
Prosit, ihr Lieben! – Wir trinken noch drei
Flaschen; die großen. Es baumeln die Seelen.

Vollmond, ihr Freunde im Business Attire!
Stopft euch die Sprotten rein, lockert den Schlips!
Draußen, im Dunkeln, da heulen die Geier.
Wer von euch Triefaugen hat keinen Schwips?

Baltischer Abend! – Es sei uns erlaubt,
wieder mal über die Stränge zu schlagen.
Köstlich! – Oliven, des Kernes beraubt,
spülen mit Wodka wir leicht in den Magen.

Sauere Gürkchen, geräucherten Fisch
nehmen wir dankbar und Häppchen für Häppchen.
Lachen und Scherzen an fast jedem Tisch.
Eiskalte Flaschen verlieren ihr Käppchen.

Singen wir, Freunde, ein schmutziges Lied!
Reißen wir Witze, die wir nur verstehen!
Trinken wir herzhaft mit viel Appetit,
bis sich die Augen nach oben verdrehen!

Männer, sie fallen ins Auto und schlafen.
Traut euren Frauen! – Und heim geht die Reise.
Ich fall ins Bett und fahr traumhafte Kreise.
Schwer ist der Seegang. Ich such einen Hafen.

Das besondere Datum

Am Tag des 12.12.12
kommt mich ein kleiner blauer Elf
genau um 12 Uhr 12 besuchen
und bringt mir einen Blaubeerkuchen.

Er will mit mir das Datum feiern,
und ohne lange rumzueiern,
macht er ein Fläschchen Rotwein auf.
Ich nehm' das Angebot in Kauf.

Wir mampfen Blaubeerkuchen und
befeuchten unsren trock'nen Mund
mit süßem Wein aus edlen Trauben.
Ich denke nach und kann's kaum glauben.

Bier

Bier ist lecker und gesund.
Bier formt flache Bäuche rund.
Bier gibt keine Rotweinflecken.
Bier schmeckt Menschen, Viechern, Zecken.
Bier hat Schaum, erweckt Vertrauen.
Bier verwöhnt selbst schöne Frauen.
Bier macht müde Männer munter.
Bier fließt überall gut runter.
Bier entsteht durch Würzegährung.
Bier dient immer der Ernährung.
Bier lässt sich aus Krügen trinken.
Bier bedingt, dass Fürze stinken.
Bier passt hundertpro zur Wurst.
Bier löscht auch den größten Durst.
Bier hilft warm als Medizin.
Bier verursacht viel Urin.
Bier enthält nur reine Stoffe.
Bier begeistert, wie ich hoffe.
Bier ist einfach genial.
Doch wenn's offen steht, wird's schal.
Deshalb sei kein Bier lang offen,
sondern zügig weggesoffen.

Bier her!

Ich hab' es immer schon gewusst:
Ja, Bier macht Menschen glücklich.
Und die Voraussetzung ist just,
dass man es trinkt. Erquicklich
ist Bier auch ohne Alkohol,
weil's Dopamin enthält,
ein Glückshormon. DU FÜHLST DICH WOHL.
Und das für wenig Geld.

Broiler post mortem

Dem Broiler war's, als drehe er
am Grillspieß sich bei Hitze.
Ihm war's so, als verstünde er
den Grund, dass er hier schwitze.

Der Imbisskunde zeigte auf
den Broiler und sprach: „Bitte den!
Und Pommes noch mit Mayo drauf!"
„Zusammen macht's neun Euro zehn",

gab der Verkäufer zu verstehn
und wickelte die Sachen ein.
Dem Broiler wollt' der Sinn vergehn
und kalt wurd's ihm noch obendrein.

Bald fand er sich in einer Küche
auf einem kleinen Tisch serviert,
in der sich allerlei Gerüche
versammelten. Man aß zu viert.

Als erstes riss man ihm die Schenkel
und Flügel aus, schnitt dann vom Rumpfe
das Fleisch. Die Haut nahm sich der Enkel.
Dem Broiler war's, als ob er schrumpfe.

Des Enkels Opa, Mama, Papa,
vertilgten herzhaft kauend alles.
Zum Nachtisch gab es reichlich Grappa.
‚Zerhacker' für den Fall des Falles.

Vom Broiler blieb ein Knochenhaufen,
ein unansehnliches Relikt.
Er konnt' sich nicht zusammenraufen,
war drum im Tode noch geknickt.

Brot

Frommer Wunsch im Leben:
Unser täglich' Brot
sei uns heut' gegeben!
Sonst wär' schlimme Not.

Vollkorn- oder Weißbrot?
Beides ist uns recht.
Bitte nur nicht Reisbrot.
Davon wird uns schlecht.

Menschen leben nicht
ausschließlich vom Brote.
Wär' das Bürgerpflicht,
gäb's wohl Nahrungstote.

Flüssig' Brot muss sein.
Anders läuft's nicht rund.
Bier ist allgemein
anerkannt und g'sund.

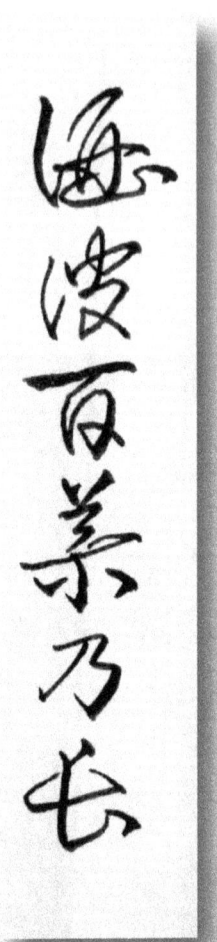

Cheers!

Sake oder auch Nihonshu
(fälschlich Reiswein oft genannt)
trink' in Shimoda ich heute
auf den alten Perry und
seine schwarzen Schiffe. Cheers!
Auf Japanisch heißt's: Kanpai!

Chinesische Küche

Grad, als die malade Made
runter von der Schokolade
kroch, um diese Eskapade
zu beenden, kannte Jade,
eine Tochter der Triade,
keine Gnade, nahm die Made,
prüfte sie und fand sie fade.

Jade legte drum die Made
über Nacht in Marinade.
Folglich war – nach solchem Bade
und gebraten mit Panade –
ihr Geschmack mitnichten fade.
Fröhlich trank das Mädchen Jade
dann zur Made Limonade.

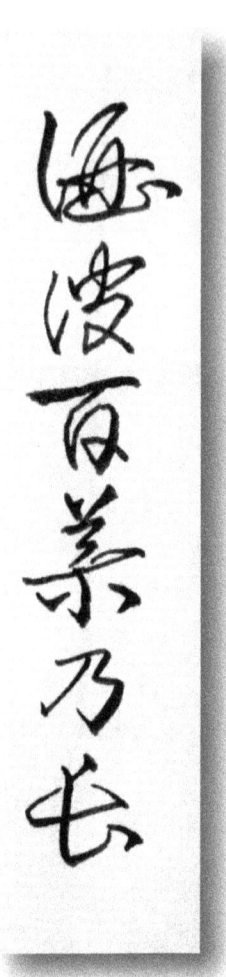

raught

Dame und Maus

Der Kellermeister stand am Fass,
worin der Rotwein reifte,
und fragte sich, wer war wohl das,
der hinter ihm jetzt keifte.
Es war die dürre Frau von Rehm,
die dort im Rahmen stand
der Tür, wodurch man sehr bequem
den Rotweinkeller fand.

„Hör, Johann", rief sie aufgebracht,
„hier war grad eine Maus,
die hat mich schallend ausgelacht.
Dann nahm sie schnell Reißaus."
„Madame", sprach Johann sehr bedacht,
„es gibt zwar ein paar Mäuse,
doch keine Maus, die schallend lacht.
Da husten eh'r die Läuse!"

„Zum Teufel, Johann! Ich hab sie
genau vor mir gesehen.
Sie war so furchtbar grau und wie
ein Echo zu verstehen.
Auch war sie ziemlich dick und fett
und hässlich anzuschauen.
Sie tönte: Nimm mich mit ins Bett!
Ich bin galant zu Frauen!

Worauf ich einen Besen nahm
und hastig nach ihr warf.
Doch als der hart zu Boden kam,
verfehlte er sie scharf.
Da lachte diese miese Maus,
bis es mich schmerzhaft rührte,
und sauste aus dem Keller raus,
dass ich den Luftzug spürte."

„Madame", sprach Johann fürsorglich,
„trinkt erst mal diesen Wein!"
Den Becher – voll bis an den Strich –
goss brav sie in sich rein.
Dann setzte sie sich auf ein Fass
und ließ die Beine hängen.
„Los, Johann, sag's mir! Was war das?",
begann sie ihn zu drängen.

„Madame", sprach Johann daraufhin,
„vergesst, was Ihr gesehen!
Es macht mir wirklich keinen Sinn.
Es ist nicht zu verstehen."
Doch Frau von Rehm, sie insistierte,
bedrängte Johann sehr,
bis er zum Schluss kapitulierte
und stillte ihr Begehr.

„Ich kann", sprach er, „das Phänomen
nur so erklären, dass
Ihr habt ein Mausgespenst gesehn.
Bei Bacchus, das ist krass!
Gespenster aber, chère Madame,
sind gar nicht existent.
Ich kenn nicht Euer Psychogramm,
doch eins ist evident:

Ihr habt wohl heiße Luft im Hirn
und tickt daher nicht sauber.
Bestimmt ist hinter Eurer Stirn
ne Art Verdrängungszauber.
Ich rat Euch: Sucht Euch einen Mann,
der Bohnenstangen mag
und außerdem gut mausen kann;
und das dreimal am Tag."

Es wurde blass die dürre Frau
von Rehm und fiel vom Fass.
Und Johann wusste nicht genau
warum und nicht von was.
Er gab ihr noch mehr roten Wein
und trank auch selber mit.
Hinzu kam noch das Mausgespenst.
Da waren sie zu dritt.

DaRum

Gestern hab ich **Rum** gesoffen,
denn 'ne Flasche **Rum** stand offen
rum. Da hab ich zugeschlagen,
mit dem **Rum** mir meinen Magen
abgefüllt und **rum**gelallt.
D**rum** fühl ich mich heute alt.

Die Diagnose

Wenn's juckt und beißt und sticht und zwackt
und dich die Kratzeritis packt,
wenn du dich ständig kneifst und schlägst
und deine Haut kaum noch erträgst,
wenn du mit Schnaps von außen, innen
kannst keine Linderung gewinnen,
dann bist ein Opfer nun auch du.
Dann hast du einen Bilulu*.

*Anmerkung: Bilulu heißt Insekt und ist der afrikanischen Sprache Lingala zuzuordnen.

Dichter Nebel und der Wandteufel

Dichter Nebel warf kein Tintenfass,
sondern einen Briefbeschwerer
an die weiße Wand und lallte: „Dass
ich den Teufel seh, den Lehrer

alles Bösen, Satan, den Verführer,
höllisch grinsen aus der Wand,
und nicht, wie erwartet, von der Tür her,
lässt mich zweifeln am Verstand."

Dichter Nebel war nicht Martin Luther,
war kein Mönch und kein Asket.
Gut betrunken glich er einem Kutter,
der sich in der Dünung dreht.

„Sauf, du altes Scheusal!", sprach er mehr
zu sich selber als zum Gaste.
Und dann machte er die Flasche leer,
was der Wandteufel nicht fasste.

Diszipliniertes Verhalten

Im Pfarrgarten stand an der Kräuterbar,
erinnernd Frau Hild'gard von Bingen,
Vikar Paul von M., der Bayreuther war,
und ließ sich nen Kräuterschnaps bringen.

Nach mehreren Schnäpsen erschien ihm
die Hildegard aus einem Busch –
ganz nackert. – „Mit Amtsdisziplin beam
hinweg ich mich", rief er, „husch, husch!"

Dreiklang

Lippen, Lappen, Lumpen
lechzen nach dem Humpen.
Lumpen, Lappen, Lippen
wollen daran nippen.
Lippen, Lumpen, Lappen
lassen sich ertappen.
Lappen, Lippen, Lumpen
schlürfen, saugen, pumpen.

Eierlikör

Echt bitter

Er ist sozial, macht mit bei Twitter
und Facebook, ist ein cooler Blogger
und überzeugter Freizeit-Jogger.
Er trinkt. Am allerliebsten Bitter.

Ob Fernet oder Bullenschluck,
Campari oder Underberg,
auf Bitter ist sein Augenmerk
gerichtet. Leises Gluck-gluck-gluck

und warmes Brennen in der Kehle
nebst wohligem Gefühl im Kopfe
beseelen ihn. Er denkt, er klopfe
auf jeden Busch und nur Juwele

der Schreibkunst könnten ihm entspringen.
Der Bitter ist für ihn ein Engel,
verleiht ihm Flügel. Doch als Bengel
zeigt er sich auch in manchen Dingen.

Echt bitter!

Eierlikör

Mit Eierlikör ist rein gar nichts zu schwer.
Und ergo ist er so verdammt populär.
Ja, früher, da wollten nur Tanten ihn trinken,
doch heute will jede/r mal in ihm versinken.

Man braucht fürs Dessert ihn, genießt ihn danach,
trinkt „mixed" in der Bar ihn und pur im Gemach
zuhaus mit der Liebsten – danach. Auch davor,
wenn's sein soll zum „Jubel im höheren Chor".

Eigenlob

In dem Kaffeehaus Truc de Mer,
da sitzt ein alter Araber.
Dem schmeckt der starke Mokka sehr.
Drum trinkt er jetzt sein Tässchen leer,
bestellt vom Mokka gleich noch mehr
und schaut vergnüglich hin und her.

Nun schaut er auch mal her und hin,
denn das macht manchmal durchaus Sinn.
Er kratzt sich ungestört am Kinn
und sagt sich: „Gut, dass ich so bin,
wie ich so bin. Ein Hochgewinn
für die Gesellschaft hier schlechthin!"

Die Erreichung des 4. Aggregatzustands

Ich bin in einem durch und durch gefestigten Zustand.
Mein Körper fühlt sich schön fest an.
Ich nehme mir deshalb heute Abend einiges fest vor.
Mein Kopf vermittelt mir ein solides Gefühl.

Ich schütte furchtbar viel Bier in mich hinein.
Das ist manchmal nicht anders zu machen.
Langsam aber deutlich spürbar verflüssige ich mich.
Jedenfalls wird die Pissfrequenz bedenklich hoch.

Nach einer weiteren halben Nacht in einer Whisky-Bar
dreht sich das bunte Universum nur um mich.
Als ich schließlich in irgendeinem Bett liege,
werde ich das Gefühl gasförmiger Wabbeligkeit nicht los.

Nach der Wiedererlangung des halbvollen Bewusstseins
wird mir – trotz des Bühnennebels – ziemlich schnell klar,
dass der ‚Tag danach' für mich bereits gelaufen ist.
Ich fühle mich überflüssig.

海波百業乃長

Fernet

Die Flugreise

Wenn einer um den Erdball reist,
dann kann er was erleben.
Im Flugzeug sitzt er eng, zumeist
von Ungemach umgeben,
weil immer eins der Kinder schreit,
mit denen er ist aufgereiht.

Und große Leute pöbeln rum,
wenn's an Getränken fehlt –
an Wein und Bier ad libitum,
an Whisky, der beseelt.
Der Reisende horcht in sich rein
und wünscht, er wär' mit sich allein.

Forelle blau

Der Versuch, dem Fisch das Fell
über seine Ohren zu
ziehen, scheiterte daran,
dass der Fisch gehörig blau war.

Freitagabends

Bin die ganze Woche über
still, so mehr ein Biedermann.
Nehm sie hin, die Nasenstüber,
nehm auch manchen Tiefschlag an.

Freitagabends aber lass ich
dann die Sau mal richtig raus.
Freitagabends tu ich, was ich
sonst nicht tu bei mir zuhaus.

Geh an allen Arbeitstagen
morgens pünktlich ins Büro.
Widme mich den dümmsten Fragen,
schufte klaglos, bin stets pro.

Freitagabends aber lass ich
mich ganz lustvoll von der Leine.
Freitagabends tu ich, was ich
auch mal tun muss, wie ich meine.

Bin im Alltag angepasst,
langweilig, beamtengrau.
Meinem Alltag fehlt Kontrast.
Seh als Spatz mich, nicht als Pfau.

Freitagabends aber lass ich
Bier und Whisky in mich laufen.
Freitagabends schluck ich, was ich
gern mag, um mich zu besaufen.

Spiel Musik, so volle Kanne,
mal die Stones und mal Pink Floyd.
Und dann fick ich Marianne,
die sich freitags drüber freut.

Freitagabends, ja da lass ich
alle neune grade sein.
Na, und irgendwann, da pass ich,
schlaf auf Marianne ein.

Freiwilliger Entzug

Sich outen klingt so ähnlich wie
sich häuten. In gewisser Weise
ist das auch so. Die Dinge, die
man preisgibt – meistens lieber leise – ,
entblößen einen, nehmen die
bequeme Schutzhaut weg. Gehäutet
– wie nackt – sieht man sich vis-à-vis
der Welt, die diesen Wandel deutet.

Was meint die Welt, wie äußert sich
der Zeitgeist, wenn sich jemand outet
und sagt: „Ich trinke willentlich
jetzt keinen Alkohol mehr"? – Lautet
das Urteil „Gut so!" oder „Weichei!"?
Wie fühlt man sich als starker Trinker,
der nunmehr trocken ist? – Wer gleich bei
Gelegenheit bewusst den Blinker

in Richtung Whisky-Flasche setzt,
der hat verloren, ist der Schwache
im Spiel der Kräfte. Widersetzt
hat der Versuchung in der Sache
der Alkoholix sich, wenn er
es schafft, nen Bogen um die Flasche
zu machen. Und geheilt ist der
von seiner Sucht, der ohne „Masche"

und Selbsttäuschung in Gegenwart
von Trinkern und in Partylaune
das „Nervengift" – wie Eberhard
den Käse – nicht beachtet, braune
und gold'ne, rote, klare Drinks
nicht anrührt, wenn sie Alk enthalten.
Zunächst ist's schwer, dann macht's mit links
er. Außerhalb von Heilanstalten!

Fun

Von meinem Eckplatz in der Kneipe
schau ich dir beim Servieren zu.
Auf T-Shirts und knallenge Hosen,
da steh auch ich drauf. Nicht nur du.
Wenn du so um den Tresen biegst
und richtig in der Kurve liegst,
dann schwingt dein Busen leicht zur Seite.
Dein Jeans-Popo zeigt scharfe Breite.
Das macht mich heute wirklich an.
Beim Bier dir zuzuschau'n, ist Fun.

in

Gaumenfreuden

Infolge einer großen Dörre,
die schonungslos das Land befiel,
trank alles Volk nur schlechte Plörre,
denn kaum noch Wasser war im Nil.

Der Pharao hingegen hatte
beizeiten vorgesorgt. Cuvée
genoss er liegend auf der Matte
und zu den Mahlzeiten Rosé.

Er sprach zu seinen Lieblingsfrauen,
die ihn beim Trinken weich umgaben:
„Dem Wein darf nur der Gaumen trauen.
Nur er darf sich am Weine laben."

„Shiraz", sprach er, „und auch Merlot
verwöhnen den geneigten Gaumen."
Frau Nefer fragte keck: „Wieso?"
und zeigte ihren rechten Daumen.

„Den Menschen draußen bleiben nur
die Daumen, um daran zu saugen,
weil diese Finger ja natur-
gemäß als Gaumentröster taugen."

Da war der Pharao betroffen.
Er rief: „Verteilt den guten Wein
an meine Untertanen! – Hoffen
wir's Beste für ihr Glücklichsein!"

Frau Nefer sah den edlen Trieb
an ihrem Herrn, dem großen König.
Sie hatte ihn besonders lieb
und hauchte: „Herrscher, dich verwöhn' ich!"

G

Das Gedicht

Dem Dichter kommt's. Er dichtet:

*Es lag am Straßenrand im Gras
ein Aas, das mit der Zeit vergaß,
dass es ein Leben mal besaß
als Has'. Und jetzt war's Vogelfraß.
Wie dann ein Vogel auf ihm saß,
verbat es stinkig sich, das Aas,
obwohl's vom Tod nicht mehr genas,
dass dieser Vogel ohne Maß
und offensichtlich voller Spaß
von seinem faulen Fleische aß.
Das Aas ihm die Leviten las,
bis dass der Vogel schrie: „Das wa's!"*

Perfekt! Der Dichter hebt sein Glas,
trinkt auf den Vogel und das Aas
vom Has' am Straßenrand im Gras
und schnallt sich an. Er sitzt First Class,
ist b'reit zur Landung ...

Gegenmaßnahmen

Dem kleinen Vogel auf der Stange
im Käfig ist kein bisschen bange.
Das Käfigtürchen steht weit offen.
Davor die Katze sitzt – besoffen.

Sie rollt die Augen, faucht und krallt.
Dem kleinen Vogel wird es bald
zu viel. Er macht den Käfig zu.
Von drinnen ruft er: „Jetzt is' Ruh'!"

Das Geheimnis der Rülpse

Fast am Ende unsrer Welt,
hart am Rand zum Himmelszelt,
lebte eine Horde wilder
Kerle, die ich dir kurz schilder:

Rülpse nannte sich die Gruppe.
Gruppendisziplin war schnuppe.
Jeder Rülps trank stets nur Bier,
soff geräuschvoll wie ein Stier,

war im Grunde immer blau
und verhielt sich ungenau.
Unter Rülpsen gab es keine
Sprache, sondern nur das Eine:

Rülpsen – möglichst lang und laut.
Das klang gut und sehr vertraut.
War einmal ein Rülps in Not,
nutzte er den Notfall-Code,

rülpste dreimal kurz und dann
dreimal lang. Und irgendwann
kamen Rülpse aus dem Schilfe,
leisteten ihm taumelnd Hilfe.

Samstags gab's ein Fußballspiel:
jeder gegen jeden. Viel
Sportliches war da nicht drin,
aber sehr viel Eigensinn.

Bleibt die Frage noch von dir:
Woher kam das ganze Bier?
Nun, die Rülpse schafften es,
das Geheimnis ohne Stress

mit ins Grab zu nehmen, das
niemand kennt. Doch irgendwas
gibt mir die Idee, dass Bud-
weiser sie umnebelt hat.

Der Geist ist willig

Seit Tagen ist er auf „Entzug".
Gewicht soll er en masse verlieren.
Er strengt sich an, doch nicht genug,
um „FdH" zu praktizieren.

Kein Bier und keine Schokolade,
kein Kuchen und kein kleiner Snack,
nichts Fettes, keine Marmelade,
nur wenig Brot, null Wurst und Speck.

Gemüse aber jeden Tag,
zu jeder Mahlzeit, frisch und reichlich.
Auch Obst – die Früchte, die er mag.
Und Wasser – das ist unausweichlich.

Doch Wein und Whisky sind tabu.
Kein Sake ist zum Trost erlaubt.
Er fühlt sich bald wie eine Kuh
und glaubt, die Kehle sei verstaubt.

Kein Alkohol mehr – „KAm".
Gemüsesaft ist angesagt.
Macht Vitaminzeugs nicht plemplem?
Hat das mal jemand hinterfragt?

Recht lustlos geht er durch die Woche,
zwingt sich zum Power Walking morgens.
Er sieht sich unter einem Joche,
bedenkt den Punkt des „Sich-Entsorgens".

Am Samstag steigt er auf die Waage
und staunt: Ein Kilogramm ist weg.
Des Abends gibt es ein Gelage
und er versteht den Lebenszweck.

Gepanzerte Früchte

An Halloween der Kürbis zeigt
Gesicht. Das gruselige Lachen
aus einem hohlen Kopfe schweigt
die Menschen an. Die Lichter machen

Effekte der besondren Art –
die Kerzen, die im Kürbis brennen.
Ganz nebenbei sich offenbart,
dass Kürbisse sich Beeren nennen.

Aufgrund der dicken Außenhaut
spricht man von Panzerbeeren hier.
Der Name ist ei'm nicht vertraut,
doch diese Beeren sind ne Zier.

Man führe sich die Riesenflasche
vor Augen, wenn man Kürbisschnaps
als Aufgesetzten – tolle Masche! –
mit ganzen Früchten machte! – Japs!

Gnangara

Bolle, der als Wolfgang T.
reichlich von sich reden machte,
als ihm einst in Übersee
alles Glück im Business lachte,
residiert mit seiner Queen
hauptstadtmäßig in Berlin.

Reden macht der gute Bolle
heut von sich noch gerne weiter.
Spielt er doch als Nebenrolle
fabelhaft den Wegbereiter
für Gnangara, einen Rot-
wein aus rarem Angebot.

Im Gewölbekeller hat
Bolle seinen Wein gelagert.
Die Begehung findet statt
täglich. Und der Vorrat magert,
weil nichts ungeöffnet bleibt.
Alles wird sich einverleibt.

Bolle steht gern vor den Flaschen.
Der Gnangara stimmt ihn froh.
Mit den Händen in den Taschen
zählt er sie. Das macht er so,
weil er zählend dazu neigt,
dass er nicht mit Fingern zeigt.

Täglich findet der Gnangara
seinen Weg aus Bolles Keller
in die Wohnung, wo ein Ara
krächzend ihn als Muskateller
vorstellt. Bolle nimmt's gelassen.
Und dann heißt es: Hoch die Tassen!

Bolle trinkt mit seiner Queen.
Der Gnangara mundet sehr.
Diese rote Medizin,
findet Bolle, schmeckt nach mehr.
Ist die Flasche dann entkorkt,
fühlt sich Bolle gut versorgt.

„Queen", spricht er zur vorgerückten
Stunde und erhebt das Glas,
„dass den Keller wir bestücken
mit Gnangara war ein Spaß,
den wir nicht bereuen müssen,
weil wir eines sicher wissen:

Nichts beglückt so wie Gnangara.
Das empfinde ich ganz stark."
„Muskateller!", ruft der Ara.
Bolle ruft zurück: „So 'n Quark!
Rotwein aus Australien!"
Schön sind Bacchanalien …

02

halbwegs hin

endlich über den wolken
air france flug 332 nach boston
zwölfjährigen pure malt whisky in reichweite
gibt's nur in der business class

zwei rechts und zwei links
gemeint sind ganz bequeme sitze
und in der mitte drei sogar
mein blick träumt geradeaus

französische chansons was sonst
über den kopfhörer kompatibel
in besonderem maße mit whisky
noch sieben stunden bis boston

immer nach westen in den tag hinein
lief unten unter den wolken
und unter dem ‚dazwischen'
der atlantik eine art guter freund

foie gras wird als vorspeise serviert
dazu einen savigny-lès-beaune 2004 jaffelin
das ist ein roter burgunder schön süffig
insgesamt des himmels würdig

ich bleibe bei diesem spitzenwein
auch mit dem lamm noisette und auch
mit der sélection du maître fromager
zum dessert nein danach café expresso

noch viereinhalb stunden bis boston
zweifel kommen auf will ich das überhaupt
ich schließe die augen für einen langen
moment kehre um und reise zurück

Die Hochzeitsreise

Nach der Hochzeit ging Herr Meise,
wie es Jungvermählte tun,
mit der Ehefrau auf Reise.
Doch er war noch ziemlich dun

von der Feier. Dummerweise
klappte es kaum mit dem Fliegen,
denn sein Kreislauf wurde leise,
drohte schließlich zu erliegen.

Notgelandet sind Herr Meise
und Frau Meise dann sofort
irgendwo auf einer Schneise
an ganz unbekanntem Ort.

„Schatz, das war die Götterspeise!
Auch der viele Schampus wohl",
klagte seiner Frau Herr Meise.
„Scheußlich, dieser Alkohol!"

„Du versaust die Hochzeitsreise,
ruinierst, was schön begann",
keifte nun erbost Frau Meise.
„Weiter geht's! Los, streng dich an!"

Glück und Unglück wechselweise
stellen sich im Leben ein.
Doch im Falle von Herrn Meise
kam die Tragik obendrein.

Weil er saß auf dem Geleise
von dem Intercity-Zug,
überfuhr der Zug Herrn Meise,
denn er wich nicht schnell genug.

Im Advent

Schwer belastet hängt die Leber
im Advent zur Partyzeit.
Mal ist er als Partygeber,
mal als Gast auf Partys breit.

Heut' trinkt er aufgrund des Bilds,
das er von der Leber kennt,
lieber mal auf seiner Milz.
Hoch die Tassen im Advent!

Im elften Monat

Es novembert schon seit Wochen.
Nebel senkt sich auf die Landschaft,
hängt wie eine graue Glocke
drüber und dringt in die Seele,
zieht sie schwerfällig zu Boden.

Herbstgefühle, -depressionen
und -melancholie grassieren.
Lebertran mag helfen oder
Wodka oder Vitamine.
Es novembert. Geh zum Lichte!

Immer der Gärtner

Mit einem Laibchen Marzipan
lag Ahmed Ali Youssuf Khan
auf seinem ledernen Diwan
und fasste sich an sein Organ –
ich meine: an sein Herz –,
denn das war krank vor Schmerz,

weil seine Liebste aus Oman,
die schöne Leila Ramadan,
ihn schlimm betrog mit Florian,
dem Gärtner. Dieser Pavian
bediente sie im Stillen
und war ihr treu zu Willen.

Jetzt schmerzte auch sein Backenzahn.
Das kam bestimmt vom Marzipan.
Ach, hätte er's doch weggetan!
Gleich spülte er mit Enzian
den wehen Kieferspross,
was leidvoll er genoss.

Er war nun mal kein weißer Schwan,
kein Supermann und kein Galan.
Vielmehr war er wohl momentan
in diesem Spiel der Blödian,
was ihn in Wallung brachte
und tiefe Wut entfachte.

Zwar gab sich Leila nymphoman
und freier Liebe zugetan,
doch zeigte sich ihr Männerwahn
nur hin und wieder mal spontan.
Er nahm erst überhand,
als sie den Gärtner fand.

Sie nannte ihn jetzt inhuman
und warf nach ihm mit Porzellan.
Er reize sie wie Lebertran
und sei ein viel zu fetter Hahn.
Kurzum: zu korpulent,
zu dumm und impotent.

Was hatte dieser Sexkumpan,
ein Gärtner namens Florian,
Gestalt aus einem Kitschroman
und hergelauf'ner Grobian,
was er nicht besser hatte?
Was hatte diese Ratte?

Nun, Ahmed Ali Youssuf Khan
nahm noch drei Schlucke Enzian
und konnte daraufhin bejah'n,
dass aller Schmerz am Backenzahn
nicht mehr zu spüren war.
Er ging zur Minibar.

Vielleicht war noch mehr Enzian
die Lösung für den Lebensplan.
Der Schnaps half gegen Schmerz am Zahn
und hatte rundum gut getan.
Zur Klimax des Konzerts
drei Schlucke für sein Herz!

Drei Schlucke dann auf den Vulkan
aus Baucheswut und Marzipan,
die Hure Leila Ramadan
und ihren geilen Pavian!
Drei Schlucke auf die Nacht,
aus der kein Tag erwacht!

Drei Schlucke auf den Ozean
in seinem Kopf, auf den Orkan,
der ihm allein war untertan,
und auf den heil'gen Florian
mit seiner großen Flöte!
Auf Leila, diese Kröte!

Drei weit're Schlucke Enzian
nahm er versöhnlich auf den Hahn
und seinen ganzen Hühnerclan.
Er trank auf Ente und Fasan
und auf die Liebespower
der klugen Gartenbauer.

Als Ahmed Ali Youssuf Khan
so breit war wie ein Caravan,
sprach er zu seinem Backenzahn:
„Hör zu, du alter Scharlatan!
Ich sage dir als Kenner:
Am liebsten sind mir Männer!"

Im Teufelskreis

Einen Kater hatt' ich,
fühlte mich echt rattig
und beschloss spontan:
Nie mehr wieder Klar'n!

Dass ich nicht mehr soff,
führte gleich zu Zoff
zwischen meinem Alter
Ego, mir und Walter.

Walter meinte forsch:
„Tja, mein lieber Schorsch,
würdst du weitersaufen,
tät's viel besser laufen

zwischen dir und mir
und dem Passagier,
der im Kopf dir sitzt
und dein Hirn erhitzt.

Grad beim Stichwort ‚heizen'
denk ich an ein Weizen-
bier, denn adäquater
hilft wohl nichts bei Kater."

Ach, nun ja, so kam's,
denn – na klar – ich nahm's
resigniert zu mir,
dieses Weizenbier.

Und dann noch ein Zweites.
Tut man schon Gescheites,
wird das sehr gescheit.
Schwapp! – Schon war ich breit ...

In der Kneipe

Da schiebt sich ein Pulloverschwein
– Verzeihung, wollte sagen: Schaf –
so einfach in die Kneipe rein
und blökt wie blöd: „Helau! – Alaaf!"

Ich denke mir, es ist doch Sommer
und lange hin bis Karneval.
Da kommt der Wollhund mir noch frommer
und singt wie eine Nachtigall,

dass wir den Dom in Kölle lassen,
weil er dahin gehört, und so.
Und Halleluja! – Alle Tassen
hat dieser Strolch vom Streichelzoo

wohl nicht mehr grade auf der Latte.
„Ein Kölsch!", pfeift es in meine Ohren.
Die hochgelegte Riesenratte!
Ein müder Fraß für Karnivoren

ist sie, doch sprach- und sangestüchtig.
Das muss der Neid ihr zugestehen.
Aus welchem Zirkus ist es flüchtig,
das Strickkaninchen auf acht Zehen?

Es trinkt das Bier natürlich nicht.
Wie könnte es ein Glas auch greifen?
Bevor es geht, das Viech verspricht,
sich Fastnachtsgrüße zu verkneifen.

Es drückt sich aus der Kneipe raus,
der Wiederkäuer, wie er kam.
Zu guter Letzt winkt noch ins Haus
das Mähbähschwänzchen einfühlsam.

Der IQ

Die Menschen werden – insgesamt
betrachtet – immer dümmer. Schon
antike Griechen – zeusverdammt –
uns überlegen waren. Hohn!

Beeinträchtigt ist der IQ
durch unser Drogenleben heute.
Nicht jeder kifft wie ich und du.
Es gibt da noch ganz andre Leute,

die tun sich ganz was andres rein:
Designerdrogen, Dreckschemie.
Da zwitschern dann die Engelein.
Dem Rausch folgt fiese Apathie.

Vielleicht ist es ja gar nicht schlecht,
dass wir allmählich dümmer werden.
Der alte Schluckspecht ist bezecht,
damit's ihm leichter fällt auf Erden.

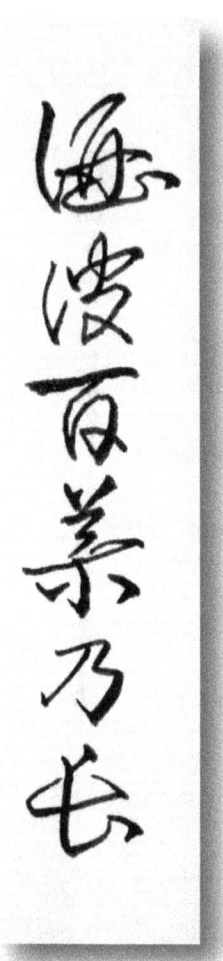

Kakerlakensommer

Eine Riesenkakerlake,
gut sechs Zentimeter lang,
stieg herauf aus der Kloake,
denn sie spürte Tatendrang.

In der schwülen Sommernacht
fiel sie in die Küche ein
und zog sich in Anbetracht
guten Fraßes manches rein.

Fröhlich lief die Kakerlake
hin zu einem schönen Becher,
der war halb voll noch mit Sake
und daneben schlief der Zecher.

Angeregt vom Sakeduft
und ganz gierig, was zu saufen,
wagte es der große Schuft,
auf dem Becherrand zu laufen.

Schon berauscht allein vom Schnüffeln,
stürzte sich die Kakerlake
in den Becher, um zu süffeln,
und ertrank dabei im Sake.

Die Karnevalsblume

Die Karnevalsblume ist blau,
denn Blau steht für Hoffnung und Jugend,
doch auch für den Suff und – „Helau!" –
die Ablegung jeglicher Tugend.

Die Karnevalsblume hat mitten
im Blütenkelch eine Visage,
die rot ist und herzlich gelitten
aufgrund ihrer Libertinage.

Und diese Visage, die säuft
mit knallrotem Mund ohne Ende.
Ein Kölsch nach dem anderen läuft
ins Innre der Blume, als fände –

„Alaaf!" – sie das völlig normal,
dass ich sie mit Bierchen betank.
Dabei ist die Szene total
verrückt, völlig jeck und schön krank.

Die Karnevalsblume ist blau
und blau auch ihr Zustand wohl ist.
Mit „Kölle alaaf!" und „Helau!"
entschuldigt's der Karnevalist.

Kein Problem

Schreie flieh'n aus einem Mund,
schallen aus dem Haus ins Freie,
tun sich draußen allen kund.
Ich zähl mit und komm auf dreie.

Braucht wer Hilfe?, frag ich mich,
tret die Haustür ein und schau
drinnen nach. Und was seh ich?
Paula, meine Zugehfrau.

Wieder schreit sie wie besessen.
Schreckerfüllt zeigt sie auf was,
das sich wohlig regt im Essen.
Gott, die Gute ist ganz blass.

Eine kleine fette Made
turnt herum im Mischsalat.
Ich ertränk sie sanft im Bade,
wasch die Hände nach der Tat.

„Hör jetzt auf zu lamentieren",
sag ich, „üb das Glücklichsein!
Den Salat kannst du servieren.
Trinken möcht ich dazu Wein."

Kein Sonntag wie jeder andere

Da wach ich sonntagmorgens auf
und merk, ich bin beschissen drauf.
Ich lieg mit einem dicken Kater
im Bett und denk mir: Heil'ger Vater

in Rom, ich glaub, ich schaff's heut nicht
zur Messe. Was ich fühl, das spricht
dafür, im Fleckenbett zu bleiben
und dort den Kater zu vertreiben.

Der Kater macht sich schmerzvoll breit
und übt sich in Abscheulichkeit.
Ich stell mir vor, dass ich ihn greif,
am fetten Schwanz nach draußen schleif

und hin zum Regenfass ihn lenk,
worin ich hämisch ihn versenk.
Den Kater stören die Gedanken,
die sich um seinen Terror ranken,

in keiner Weise. – Aspirin,
denk ich mit letzter Disziplin.
Der böse Kater grinst sich einen
und droht, als Monster zu erscheinen.

Ich find das geile Kopfschmerzmittel
in meinem Autowerkstattkittel
und spül's mit Wasser ins System.
Den Kater ärgert das extrem.

Er springt im Viereck, rast herum
und brüllt, er bringe mich jetzt um.
Ich steck den Schädel unters Kissen
und will von allem nichts mehr wissen.

Dann hör ich, dass er stiller wird,
der Kater, dass sein Stimmchen klirrt
und piepst und immer leiser summt
und – endlich, endlich! – ganz verstummt.

Mein Aspirin, ein göttliches
Produkt, denk ich – noch voll im Stress.
Den Kopf jetzt wieder auf dem Kissen,
bemerk ich: Der hat sich verschlissen,

der Kater, der wird deutlich schlanker.
Zum Bötchen schrumpft der Supertanker.
Das Scheusal wird zum zahmen Kätzchen.
Es droht noch harmlos mit den Tätzchen.

Ein schwarzes Katerbällchen hat
noch kurz Bestand und ist dann platt.
Zum Schluss bleibt nur ein kleiner Fleck.
Den wisch ich mit dem Laken weg.

Kosmologie am Deutschen Eck

Ich war – obwohl jung – viel umher schon gezogen
und auch war das Glück mir besonders gewogen.
Mich führte mein Weg hin nach Koblenz am Rhein.
In diesen fließt dort ja die Mosel hinein.

Die schöne Mosella bedrängt Vater Rhein.
Der murmelt am Deutschen Eck: Jetzt bist du mein!
Sie haben ab da ein gemeinsames Bett.
Vereint nun flussabwärts sie strömen. Wie nett!

Am Eck habe ich mich mit jemand getroffen.
Wir haben erzählt und viel Rotwein gesoffen,
vom Eck dann entschlossen die Spitze besetzt,
uns hoch auf der Mauer gedanklich vernetzt.

Der Ort hat uns sicherlich sehr inspiriert,
denn wir haben folglich ganz heiß diskutiert,
wobei uns die tuckernden Schiffe nicht störten,
weil wir nur auf unsere Meinungen hörten.

Ich ließ meine Beine zur Mosel hin baumeln
und hinderte meine Gedanken am Taumeln.
Der Andere saß mit den Beinen zum Rhein,
trank mehr noch als ich von dem süffigen Wein.

Wir haben uns schließlich aufs Weltall bezogen,
die kosmischen Regeln und Grenzen erwogen.
Es stellte sich dabei als Fazit heraus:
Der Kosmos dehnt immer noch schneller sich aus.

Jetzt wurde uns klar (und wir reichten die Hände):
Der Raum und die Zeit finden beide kein Ende.
Wir leerten die Flaschen an Mosel und Rhein.
Voll Hoffnung ging's drauf in die Altstadt hinein.

海波百業乃長

Mammon

Ich spür dem Zeitgeist hinterher
und treff ihn in der Innenstadt
in einer Bar im Häusermeer,
die mehr als nur Getränke hat.

Beim Single Malt frag ich den Geist,
was seine Eigenarten seien.
Der fühlt sich hierdurch eingekreist,
doch schafft er es, sich zu befreien.

Er heiße Mammon, unterhalte
Systeme, worin sich die Gier
nach Macht und Reichtum gut entfalte.
Er lenke auf das Jetzt und Hier.

Ich schau den Zeitgeist kritisch an
und sag, wie sehr ich das verachte.
Es müsse schnell ein Wandel ran
und lieber radikal als sachte.

Er trinkt und grinst und fühlt sich sicher.
Der Wandel sei nicht so sein Ding.
Vom Tresen her hör ich Gekicher.
Ich zisch, er sei ein Widerling,

und trink den Whisky aus, verlass
die Bar. Der Zeitgeist ruft mir nach,
es komme alles gut zupass.
Für mich sei's doch kein Ungemach.

Ich wünsch mir sehr, ich hätte ihm
den Mittelfinger noch gezeigt.
An diesem Punkt bin ich sublim
dem Richtungswechsel zugeneigt.

Der Mantel

Es saß der Mink beim Drink
in einer Bar und war
soweit mit sich zufrieden,
als einer kam und nahm
ihm seinen Mantel weg.

Oh Schreck, der schöne Mantel
aus Fell, so herrlich hell!
Er fand das link, der Mink.
Ganz ohne Mantel draußen
würd's ihm wohl bald zu kalt.

Drum schien ein weitrer Drink
goldrichtig jetzt dem Mink.
Er blieb trotz Heimwärtstrieb.
Und als er schließlich ging,
der Mantel draußen hing.

maskenblick

die alte maske blickte
mit weichem lächeln
von der wand herab
auf die sakeschälchen
aus feinem porzellan

sie zählte die fünfzehn
schälchen wieder und
wieder und wurde nicht
müde des zählens
von eins bis fünfzehn

die alte maske kannte
sie alle die samurais die
aus den schälchen den
duftenden sake tranken
um sich zu trösten

古面の眼差し

古面は壁の上から
柔らかい微笑みで
上質の陶器で出来た杯を
眺めていた。

古面は十五個の杯を
幾度も数え
一から十五までを
繰り返し数えるのに
飽きる事はなかった。

古面はその侍たちの
一人一人をよく知っていた
己の労をねぎらい
心を和ませるのに
芳醇の酒を
その杯で酌み交わしていた彼らを。

古面はその侍たちの
一人一人をよく知っていた
己の労をねぎらい
心を和ませるのに
芳醇の酒を
その杯で酌み交わしていた彼らを

Marktplatzszenen

Der Marktplatz hat mir was zu bieten,
wann immer ich sitz hier beim Bier.
Ich schau mir das Treiben genau an,
find höchst amüsant Mensch und Tier.

Der Brunnen mit kleinen Fontänen –
von spielenden Kindern umringt –
ist Mittelpunkt nassen Vergnügens,
durch spritzendes Wasser bedingt.

Von rechts kommt ein Hündchen gelaufen.
Es schleift seine Leine herum,
hebt hier und da pfiffig das Beinchen,
hält sicher sein Herrchen für dumm.

Ein Absatz der drallen Blondine
verklemmt sich im Pflaster und bricht.
Als sie sich deswegen nach vorn beugt,
zeigt sie mir ihr schönstes Gesicht.

Links hinten stehn drei Musikanten
und spielen den Leuten was vor.
Die zeigen auch artig Int'resse,
doch mir summt jetzt langsam das Ohr.

Wo ich sitz, da sitzen noch andre,
genießen – wie ich – diese Zeit
bei Weißbier und laugigen Brezeln
als Gruppe, allein und zu zweit.

Und drüben umschlingt sich ein Pärchen.
Das Mädchen hat ihn bestimmt lieb.
Dem Jungen kann dies ja nur recht sein,
denn ihn steuert sichtbar der Trieb.

Ein Vogel hockt hoch auf ner Lampe,
hebt's Schwänzchen und lässt etwas los.
Der Oma, die dort auf der Bank sitzt,
fällt das zielgenau in den Schoß.

Im Eissalon schräg gegenüber
ist heute der Umsatz rasant.
Die Leute stehn brav in der Schlange
und hol'n sich ein Eis auf die Hand.

Ein Rentner lockt sämtliche Tauben
des Marktplatzes zu sich heran.
Aus seiner Hand picken sie Futter,
weil er ihr Vertrauen gewann.

Doch da kommt erneut unser Hündchen,
zieht's Herrchen jetzt hinter sich her
und stürzt sich wie wild auf die Tauben.
Mit Füttern ist da wohl nichts mehr.

Das Pärchen hat sich nun entschlossen,
die Sinne mit Fruchteis zu kühlen.
Und Oma begibt sich zum Brunnen,
den ätzenden Dreck abzuspülen.

Dort toben noch immer die Kinder,
denn Wasser wirkt magisch auf sie.
Sie alle sind nass wie die Ratten.
Und Oma wird nass bis zum Knie.

Die Marktplatzuhr bimmelt zu Mittag.
Ich trinke das Weißbier gut aus.
Beim Kellner zahl ich meine Rechnung
und troll mich zufrieden nach Haus.

Mein Hamster

Ich trinke abends hin und wieder
mit meinem Hamster ein paar Bier.
Es sind dann auch mal mehr als vier.
Nun ja, mein Hamster ist nicht bieder.

Vor kurzem erst ist es geschehen,
dass einen ganzen Kasten wir
gepichelt haben. Pilsner Bier!
Mein Hamster konnte nicht mehr gehen.

Ich geb' gern zu, den Löwenteil
vom Pilsner-Kasten hatte ich.
Doch man vertue sich da nich'!
Mein Hamster säuft fürs Seelenheil ...

Mit Eintopf zum Sieg

Die Suppe schafft's, ihn zu erhitzen.
Der Sumo-Kämpfer kommt ins Schwitzen.
Höchst köstlich ist die heiße Labe,
der Eintopf namens Chanko-nabe.

In dieser Suppe ist viel Fisch,
viel Fleisch und Tofu – ein Gemisch,
worin Gemüse schmackhaft gart,
das nahrhaft ist auf fette Art.

Der Sumo-Kämpfer mit Bedacht
hat großen Hunger mitgebracht.
Er leert den ganzen Chanko-Topf,
zieht sich den Inhalt durch den Kopf

in seinen umfangreichen Bauch
und fasst Gewicht nach altem Brauch.
Er muss die Kampfkraft sich erhalten.
Es gilt, viel Masse zu entfalten

und seinen Gegner aus dem Ring
– dem Dohyo – mit gekonntem Swing
zu werfen oder auch zu stoßen.
Doch reicht es nicht, mit Kraft – der bloßen –

den Gegner zu besiegen. Nein!
Geschickt auch muss der Kämpfer sein
und flink – trotz dicker Leibigkeit –
und voller Würde, Glanz und Schneid.

Zum Eintopf trinkt der Kämpfer Bier.
Infolge schwitzt er wie ein Stier.
Und wie ein Stier gewinnt er dann,
wobei er auch verlieren kann.

Das Mittel

Aus meiner Sporttasche
zieh ich die Trinkflasche,
halbvoll mit Wollwasche.

Wollwasche macht mich so
überaus lebensfroh,
wollweich und ... feurio!

Mitten drin

Auch die Menschenaffen haben
eine echte Midlife-Crisis.
Dafür schlagender Beweis is'
menschenähnliches Betragen.

Junge wie auch alte Affen
sind erstaunlich ausgeglichen,
doch bei "mittelalterlichen
Affen" kommt es zum Erschlaffen.

Stimmungsschwankung, Grübelei,
Unzufriedenheit mit sich
macht auch Affen jämmerlich,
führt zu Frust und Reiberei.

Was soll nun der Menschenmann
tunlichst einem Affen raten,
wie durch diesen Sumpf zu waten?
Trink dir einen dann und wann!

Mops und Mausbock und die Schnapsidee

Mops und Mausbock wieder mal
fanden sich im Stammlokal
ein, wo sie bei Schnaps und Bier
zechten wie die Musketier'.

Mops sprach: „Prost, mein lieber Mausbock!
Gut, dass ich dich manchmal rauslock,
um mit dir so lang zu trinken,
bis wir untern Tresen sinken."

Mausbock lachte: „Wohlsein, Mops!
Ich frag mich nur ernsthaft, ob's
heut den guten Schnaps hier gibt,
den auch unsereiner kippt."

„Meinst vielleicht den Branntwein du
aus dem Hause Blinde Kuh?",
wollte Mops nun gerne wissen.
„Der brennt höllisch noch beim Pissen.

Magenfeuer heißt der Branntwein,
wobei selbst ein fünftes Standbein
wäre von geringem Nutzen.
Aber krass zum Rachenputzen."

„Nichts wie her mit diesem Schnaps!",
rief der Mausbock. „Mops, ich hab's!
Es bewirkt das Magenfeuer
uns ein innres Abenteuer.

Wenn das Magenfeuer brennt
und der Brand wird vehement,
löschen wir ihn schnell mit Bier.
Sowas nenn ich Saufmanier."

„Mausbock, das ist affengeil!",
freute sich der Mops, derweil
schon der Wirt den Schnaps servierte
und sich scheinbar amüsierte.

Mops und Mausbock folglich soffen
wie verrückt. Das Ende offen.
Doch der Magenfeuer-Schnaps
brachte beide zum Kollaps.

Mausbock lallte unterm Tresen,
Mops vergaß sein Hundewesen.
Beide wussten – ob des Klaren –
nicht mehr, dass sie Tiere waren.

Und der Wirt, der schlimme Finger,
steckte sie in einen Zwinger
hinterm Haus zum Nüchternwerden.
„Friede sei dem Mops auf Erden

und dem Mausbock obendrein!",
spottete der Wirt. Den Zwei'n
wurde morgens richtig kalt.
Beide fühlten sich sehr alt,

als die Zeche sie beglichen
und sodann nach Hause schlichen,
wo das Nudelholz sie traf,
denn sie waren wohl nicht brav.

„Schnapsideen", meinte Mops,
„sind im Nachhinein oft Flops."
Mausbock sprach: „Und so ein Kater
bringt nur Kopfschmerz und Theater."

Nach dem zweiten Whisky

Das wirklich Schöne ist am Fliegen:
Wenn ich auf Schäfchenwolken blicke,
das Weiße sehe und das Blaue,
dann fühle ich mich angezogen
von diesem Bild, das sich mir still
und friedvoll bietet. Wie magnetisch
erlebe ich die Kraft des Eindrucks.
Ich könnte dieser Kraft gehorchen.

N

Nachtschichtarbeit

Nachtschicht in Werkshalle 1 gegen 4
Uhr in der Frühe: Nur Durchhalten gilt!
Griff in den Spind und nen Schluck Elixir.
Rund läuft der Bohrer, frisst Löcher wie wild.

Naschwerk

Ist der Korken aus der Flasche,
atmet der Bordeaux viel leichter.
Bis zum Abendessen reicht er.
Ob ich von den Nüsschen nasche?

Schließlich muss ich ja beim Kochen
etwas Unterhaltung haben.
Man darf sich am Weine laben,
wenn die Flasche „angebrochen"

ist. – Sie ist's! – Zum Dinner dann
gibt es einen Pinot noir
aus Burgund. Nicht von der Ahr.
Dem verdank ich irgendwann

später – bei der letzten Flasche,
aber nicht beim letzten Schlucke –,
dass ich mich in sie vergucke
und mit ihr noch Nüsschen nasche.

Nichts Böses dabei, oder?

Kommt ein Löwe in die Bar,
lässt sich in den Sessel fallen
und bestellt Cognac Clochard,
will sich, sagt er, einen knallen.

Haut es weg, das Zeug, verlangt
gleich nach einem zweiten Shot
und – dem Barmann sei's gedankt –
schluckt auch diesen ziemlich flott.

Fragt der Barmann nach dem dritten
Cognac, ob der Löwe einen
Plan verfolge. Unbestritten
ehrlich sagt das Raubtier: Keinen.

Als der Löwe sich den vierten
Weinbrand einverleibt, erscheint
ihm, dem deutlich deplatzierten
Bargast, alle Welt vereint.

Nach dem fünften Cognac tanzt
er, der Leu, mit einer Dame.
Nach dem sechsten, leicht verfranzt,
ist er ganz der Anschmiegsame.

Doch beim siebten Drink verliert
plötzlich er die Contenance,
frisst das Bargirl, das serviert ...
Honi soit qui mal y pense!

Ohne Happy End

Eine Krake lag im Sake.
Keiner wusste, wie sie's schaffte,
wie's denn kam. Die arme Krake
es im Dusel auch nicht raffte.

Mit den Krakenarmen rührend,
schwamm sie eine Weile noch
rum im Bottich. Kaum was spürend,
sah sie dann ins schwarze Loch.

Als im siebten Krakenhimmel
letztlich sie gelandet war
und im glitschigen Gewimmel
einer Krakenengelschar

sie die Dinge überblickte,
die der Himmel ihr bescherte,
sie erstaunlich richtig tickte.
Doch Sankt Petrus sie verzehrte.

海波百業乃長

ils

Pilsner from the bottle

Im Atlanta Marriott
gibt's tatsächlich Pilsner Urquell.
Ich bin richtig happy, endlich
wieder Bier zu trinken, das
diesen Namen auch verdient.

Hier im Bistro ist es schick,
aus der Flasche „straight" zu trinken.
Gläser sind schlicht überflüssig.
Niemand will heut meinen Pass sehn,
um mein Alter festzustellen.

Rabe der Schluckspecht

Ein junger Rabe namens Rabe
– begabt, gebildet und versoffen,
von Freunden Schluckspecht nur genannt –
verließ per Schiff sein Heimatland.
Er war für Zukunftsfragen offen
und auf Diät (Kombüsenschabe).

In Alexandria flog er
von Bord und gleich nach Kairo weiter,
wo er im Marriott Hotel
willkommen war als Junggesell
im Kreis der Rabenvögel. – Heiter,
das Leben dort! – Meist kreuz und quer

trieb's jeder mit gekrächzter Lust.
Als Rabe sich zuhause fühlte
und schließlich alle Schliche kannte,
war es der Rotwein, der ihn bannte,
den er sich durch die Kehle spülte
so oft wie möglich, ganz bewusst.

Oft ließen Gäste Rotweingläser
auf den Terrassen und Balkonen
noch federbreit gefüllt zurück.
Für Rabe ein paar Schlucke Glück.
Er liebte es, sich zu belohnen,
und war ein guter Weinverweser.

Er wandte eine Technik an,
die alle Vögel äugen ließ.
Stets schaffte er es ohne Kleckern,
den Rotwein aus dem Glas zu schleckern.
Die Schnabelführung war präzis,
perfekt das Timing irgendwann.

Tja, Rabe war echt super drauf.
Er hatte keine Säuferleber,
denn er trank jeden zweiten Tag
– auch wenn das niemand glauben mag –
auf seiner Milz. – Ein Schnabelheber
mit einem geilen Lebenslauf

war er schon bald für alle Leute,
die ihn im Marriott bestaunten,
wenn er mit großer Sicherheit
ein Weinglas leerte. – Kleinigkeit! –
Er mochte sie, die gut gelaunten
Touristen, diese hübsche Meute.

Und wenn er nicht gestorben ist
an Altersschwäche, unser Rabe,
dann hockt er sicher sinnenfroh
beim Spätburgunder irgendwo
(der allerfeinsten Gottesgabe,
wenn du ein Rotweinsäufer bist).

Rock in den Alpen

Vater war ein Alpensteinbock,
Opa auch und Opa Ur.
Ich steh ganz auf Alpen-Hardrock.
‚Rock around' ist meine Tour.

Neben mir macht sich ne Saufziege breit.
Die säuft den ganzen Tag Bügel-
wasser und wird diesen Softdrink nicht leid.
Doch er verleiht keine Flügel.

Wanzen tanzen unter feigen
Bäumen heftig Rock'n'Roll.
Nur die Käsekeiler schweigen.
Diese Schweine sind schon voll.

Waldbären wären bald sauere Brummer,
gäb's nicht den bärigen Tanz.
So aber sind sie ne echt heisse Nummer,
locker von Schnauze bis Schwanz.

Alle Böcke singen laut,
dass es durch die Alpen haut:
„Heute woll'n wir Deppen neppen,
Weiber hinter Büsche schleppen."

Rotwein spendier ich, die guten Merlots.
Rotwein und Alpen-Rock bringen's.
Hier ist zunächst auch ne Menge mehr los.
Später sind alle schwer dingens.

Alpensteinbock sein ist geil.
Immer geht's von Rock zu Rock.
Dieses Leben mag ich, weil
darauf hab ich ständig Bock.

Rotzlams feuchtes Ende

Herr Rotzlam aus Potsdam ins Havelland fuhr.
Nach Werder ihn führte die Reise.
Die Inselstadt war ihm das Highlight der Tour
und Fisch selbstverständlich die Speise.

Herr Rotzlam dinierte im Arielle gut,
dem Fischrestaurant an der Havel.
Es gab zunächst Krabben und Stücke vom Butt.
Ein Welsfilet krönte die Tafel.

Dazu trank Herr Rotzlam ganz köstlichen Wein
vom Wachtelberg, nahe bei Werder.
Er goss manchen Schoppen vergnügt in sich rein
und rief in die Gaststätte: „Wer der

Versuchung des Weißweins im Ernst widersteht,
sich lustvoll an ihm zu besaufen,
der weiß nicht, der Tropf, was ihm alles entgeht."
Dann fing er an, Gäste zu taufen

im Namen von Bacchus und Ramses, dem Nilschwein.
Der Wirt schickte ihn an die Havel.
Sprang Rotzlam ins Wasser? Mitnichten. Er fiel rein.
Und Schluss war's mit seinem Geschwafel.

Rudolf und die Vögel

He, Rudolf, sprach Frau Silvia,
ich geh jetzt aus und du bleibst da.
Heut muss ich mal zum Shopping los,
denn meine Lust dazu ist groß.
Die Silvia sprach dieses Wort,
und bald danach schon war sie fort.

Der Rudolf war nun ganz allein.
Zum Trost trank er ein Gläschen Wein;
und zwar den Roten aus Bordeaux.
Der machte Rudolf immer froh.
Die Flasche war beizeiten leer.
Dies überraschte ihn nicht sehr.

Weil Rudolf gut zu Vögeln war,
entsann er sich der Vogelschar,
die er im Haus in Bauern hielt.
Zu diesen eilte er gezielt
und öffnete die Käfigtüren:
Hi boys! Nun zeigt mal Flugmanieren!

Romeo, Yuki und Klein Picky
(ein jeder echt ein Schickimicki)
verließen freudig ihre Stange
und hüpften raus, kein bisschen bange.
Der Rudolf hatte seinen Spaß,
als Yuki auf der Schulter saß.

Klein Picky flog an die Gardinen
und startete von deren Schienen
zu wahren Kamikaze-Flügen.
Doch Rudolf wollte dies nicht rügen,
weil er – wie viele liebe Leute –
an Vögeln sich besonders freute.

Romeo ging derweil spazieren,
um mit dem Schnabel zu traktieren,
was immer ihm im Wege stand.
Und da gab's schon so allerhand.
Der Rudolf ließ ihm seinen Lauf
und machte noch ne Flasche auf.

Bordeaux, sprach Rudolf still zu sich,
was täte ich nur ohne dich?
Er ließ den Spruch im Kopf verhallen
und sich in einen Sessel fallen.
Die Vögel kamen – eins, zwei, drei –
zu diesem Sessel jetzt herbei.

Das volle Glas in Rudolfs Händen
verstanden sie bald zu verwenden
als ihre liebste Vogeltränke.
Ein wenig gab es dann Gezänke:
Romeo hielt den Platz am Glas,
weil große Trinkkraft er besaß.

Die andern fingen an zu raufen.
Sie wollten auch mehr Rotwein saufen.
Der Rudolf nahm das gern in Kauf
und machte noch ne Flasche auf.
Doch irgendwann wurd's ihm zu bunt.
Da pfiff er ab und tat dann kund:

Ja, schämt ihr euch denn nicht, ihr Drei?
Was ist das für ne Vögelei?
Ihr seid doch alle sturzbesoffen!
Los! Eure Käfige sind offen.
Jetzt hüpft mal schnell auf eure Stangen,
sonst mach ich Beine euch, ihr Rangen!

Am Ende war es dann geschafft:
Die Vögel waren abgeschlafft.
Der Rudolf sah sie in den Bauern
recht müde in der Ecke kauern.
Er grinste: Das sind mir Allüren!
und schloss vergnügt die Käfigtüren.

Zurück im Sessel, ausgestreckt,
hat Rudolf einen Spruch entdeckt:
Wenn einem Ruhe widerfährt,
ist das ein Fläschchen Rotwein wert.
Er dachte bei sich: Immer drauf!
und machte noch ne Flasche auf.

Als Silvia nach Hause kam,
sie lautes Schnarchen nur vernahm.
Ihr Rudolf lag im Sessel lang
und sägte, dass die Palme schwang.
Und die drei Vögel – glaubt es doch
– die schnarchten sogar lauter noch.

渔波百萘乃长

Sake

Die Sache mit dem frischen Pilz

Wenn du nen frischen Pilz wills',
dann musst du in den Wald gehn,
weil da noch welche rumstehn.

Wenn du nen frischen Pilz wills',
musst du den fleißig suchen.
Ich hör schon jetzt dein Fluchen.

Wenn du nen frischen Pilz wills',
musst du den erstmal orten.
Es gibt auch gift'ge Sorten.

Wenn du nen frischen Pilz wills',
musst du dich überwinden,
den richtigen zu finden.

Wenn du nen frischen Pilz wills',
dann musst du dich tief bücken,
sonst kannst du den nicht pflücken.

Wenn du nen frischen Pilz wills',
dann nimmst du den wohl besser
und kappst ihn mit dem Messer.

Wenn du nen frischen Pilz wills',
steckst du den in die Tasche
zu deiner Fuselflasche.

Wenn du nen frischen Pilz wills',
trinkst du den Schnaps jetzt aus
und trägst den Fund nach Haus.

Wenn du nen frischen Pilz wills',
brätst du den in der Pfann'
mit Salz und Butter dran.

Dabei trinkst du noch zwei, drei Pils.
Ach was! Du trinkst so viel du wills',
du ziehst dir richtig einen rein.

Im Pfännchen schmort der Pilz so fein.
Du bringst die Fuselfläschchen her
und machst nen paar davon gleich leer.

Du träumst zwar von dem Pilzgericht,
doch an die Pfanne denkst du nicht.
Das Pilzgericht hat argen Duft.

Verqualmt ist schon die ganze Luft.
Warum hast du noch Wein geholt?
Jetzt ist der Pilz total verkohlt.

Wenn du nen frischen Pilz wills',
dann musst du in den Wald gehn,
weil da noch welche rumstehn.

Wenn du nen frischen Pilz wills', ...

Schmerzliche Ernüchterung

Gestern saß ich lang im *Fass,*
aß und trank und hatte Spaß.
Schließlich war ich schön besoffen
und nach allen Seiten offen.
Hoch ging's her bei Schnaps und Bier.
So, wie's war, gefiel es mir.

Heute früh lauf ich im Park.
Fluch der Tat! Ich leide stark,
denn ein übler Kopfschmerz pocht,
und ich fühl mich wie gelocht.
Meine Muskeln sind geschwächt.
Außerdem ist mir ganz schlecht.

Doch ich laufe tapfer weiter.
Mein Verstand wird langsam breiter.
Sicher bin ich nicht mehr blass,
aber dafür schweißesnass.
Langsam lässt der Kopfschmerz nach,
schweigt des Magens Ungemach.

Ausgelaugt, doch voller Glück,
lauf den Hinweg ich zurück.
Die Natur um mich ist munter
und die Strecke führt bergrunter.
Locker lauf ich und entspannt,
denn der Kater ist gebannt.

Schnapsideen auf Grünkohlbasis

Dem Gast zum Grünkohl Schnaps man reiche,
auf dass der Kohlwind still entweiche.

Zum Grünkohl muss man Schnäpse trinken,
damit die Winde nicht so stinken.

Wer Grünkohl isst und Schnaps vermeidet,
soll sich nicht wundern, wenn er leidet.

Wer niemals Schnaps zum Grünkohl trinkt,
der kennt den Grünkohl nur bedingt.

Wer Schnaps und Grünkohl klug verbindet,
sich auch danach noch wohl befindet.

Zum grünen Kohl gehört viel Schnaps.
Das weiß inzwischen jeder Flaps.

Der Schnaps gehört zum Grünkohlessen.
Man darf ihn daher nicht vergessen.

Trinkt man viel Schnaps zum grünen Kohl,
fühlt man an Leib und Seel' sich wohl.

Genuss beschert der Kohl, der grüne.
Doch bringt der Schnaps erst die Fortüne.

Den Schnaps kann besser man vertragen,
wenn man schon Grünkohl hat im Magen.

Beim Gast kommt Grünkohl stets gut an,
wenn er dazu auch schnapsen kann.

Ein Rat für alle Grünkohlesser:
Mit Schnaps verdaut der Kohl sich besser.

Ein guter Schnaps beim Grünkohlmahl
hebt den Genuss und die Moral.

Der Grünkohl wird zwar heiß serviert,
jedoch mit kaltem Schnaps flankiert.

Ein Grünkohlessen wäre keins,
gäb's nicht auch Schnaps für unsereins.

Der Schweinachtsmann

Die Weihnachtsglocken sind verhallt,
die Lichterbäume rieseln.
Am Neujahrstag wird's dann saukalt
und ich fang an zu grieseln.

Ich sitz herum und frier mir einen.
Ich denk an heiße Sachen.
Die Kälte nagt an Kopf und Beinen,
will mich zum Eiszapf machen.

Ich mal mir ne Geschichte aus
von Else und dem Riesen.
Doch kommt dabei nichts Warmes raus.
Mich schüttelt's. Ich muss niesen.

Da fällt der alte Schweinachtsmann
vom Himmel hoch herunter.
Ganz plötzlich nimmt Gestalt er an.
Ich denk, das ist ein Wunder.

Ein rosa Mantel hüllt ihn ein.
Na ja, Noblesse o'Plüsch!
Und aus der Mütze blickt ein Schwein.
Mir wird es träumerisch.

Der Schweinachtsmann, er grunzt mich an.
Er gibt mir zu verstehen,
dass er nichts für die Kälte kann.
Ich soll das nicht so sehen.

Er greift in seinen Jutesack
und holt ne Flasche Rum.
Echt geil! Der Alte hat Geschmack,
doch sein Gesicht wirkt dumm.

Er zieht sich einen Klotz herbei
und lässt sich darauf fallen.
Und dann beginnt ne Sauferei,
weil wir uns einen knallen.

Der Schweinachtsmann, er grunzt vergnügt.
Und mir wird langsam warm.
Als eine Flasche nicht genügt,
grinst er mit Sabbercharme

und zieht aus seinem großen Sack
die zweite Flasche Rum.
Der Kerl ist wirklich schwer auf Zack.
So schnell haut den nichts um.

Er rülpst bedächtig und beginnt,
mir ein Gedicht zu sagen,
das ich total bescheuert find,
doch kann ich's noch ertragen.

Es grunzt wie folgt der Schweinachtsmann:
„Vom Himmel komm ich her.
Und weil ich soviel schleppen kann,
ist auch mein Sack so schwer.

Ich bin auf diesem Erdenrund
nur wegen dir gelandet
und justament aus diesem Grund
als Schweinachtsmann gewandet.

Vom Himmel hoch, da komm ich her,
dir guten Rum zu bringen.
Trink nicht gleich alle Flaschen leer,
um dich nicht umzubringen!

Wer ständig Rum im Kreislauf hat,
der spürt nicht, wenn er friert.
Der ist zufrieden stets und satt
und gänzlich ungeniert."

Der Schweinachtsmann spricht dies Gedicht,
entschwindet, wie er kam.
Nur seinen Sack, den nimmt er nicht
mit fort. Wie lobesam!

Der Jutesack voll Rum ist mein.
Welch feine Himmelsbeute!
Ich zieh mir noch ein Fläschchen rein
zur frohen Schweinacht heute.

Single Malt

Hab's geschafft! Bin angekommen
auf der kleinen Whisky-Insel.
Wäre fast vorbeigeschwommen.
Glücklich wähl ich einen Pinsel,
male schwarz auf weiß ein Zeichen,
das bedeutet, was entstehen
soll hier. Drei uralte Eichen
sind Symbol für das Geschehen.

Single Malt mit hoher Reife
ist mein definiertes Ziel.
Wasser schöpf ich an der Schleife
eines Bergbachs, den ich Nil
nenne, weil ich aus ihm lebe.
Auf dem kleinen Whisky-Eiland
fühl ich mich, als ob ich schwebe.
Mach aus Wasser was, wie weiland

unser Heiland Wein erschuf.
Niemand starb von dem Getränk.
Trotzdem kam er in Verruf.
Denk mir, dass ich mich beschränk
auf ein Gerstenmalzprodukt
torfigen Geschmacks. Dem Fass
wird mein Name aufgedruckt.
In ihm reift das braune Nass.

Als Entwurf steht die Destille,
die den guten Whisky brennt,
auf Papier schon – auch mein Wille,
dass sie hier bald jeder kennt.
Single Malt aus einem alten
Eichenfass ins Glas gefüllt
und ins milde Licht gehalten,
zeigt Genießern unverhüllt,

dass sie Herrliches bezeugen.
Wenn sie erst den Whisky-Duft
schnuppern, übers Glas sich beugen,
sanft das Destillat sie knufft.
Göttlich dann der erste Schluck,
die Verkostung – pur, das Schmecken.
Und die Wirkung. Einen Ruck
spüren sie in allen Ecken

ihres Leibes und im Kopf,
eine angenehme Wärme
von der Sohle bis zum Schopf,
im Gehirn und im Gedärme.
Glücklich bin ich, denn ich habe
eine Flasche noch dabei
– *Single Malt*. Der alte Knabe
in mir fühlt sich sorgenfrei.

Small Talk

In der Kneipe sitzt um vier
er beim Bier und ruft zu mir
rüber: „Prost!" – Ich ruf zurück:
„Sehr zum Wohle! Was ein Glück

mit dem Wetter!" – Und um sechs
ruft er rüber: „Jetz' auf ex!"
Ich bin fast schon weg, doch mein
Alter Ego willigt ein:

„Ex und tschüssi ..!" – Und um acht
ruft er rüber: „Mach ma' sacht!"
Ich entgegne: „Wills' du Schnaps?"
Erst um zehn ruft er: „Ich hab's

ja geahnt! Ich kenn dich ga' nich'."
„Null Problemo, Alter!", sag ich,
klopf ihm auf die Schulter und
lass ihn sitzen. „Life" ist bunt!

Die Sphinx

Im Reisebus mit kalten Drinks
fahr ich bis an den Rand der Stadt,
dort wo's die Pyramiden hat.
Und da liegt auch die große Sphinx.

Ich sag mir: Halt dich erst mal links,
um sie der Länge nach zu sehen,
weil vorn so viele Leute stehen.
Und deshalb geh ich langsam rings

um dieses runde Riesendings,
das sogenannte Hinterteil –
der Sphinx. Das ist ja affengeil!
Mein letztes Dosenbier …! – Ich trink's

und gehe links von diesem Dings,
bis ich vor einem Drahtzaun lande.
Wie schade, dass am Arsch ich strande
der reichlich korpulenten Sphinx!

Ich lauf zurück nun. Allerdings
sind vorn noch immer tausend Leute.
Was wollen die bloß alle heute
hier draußen? – Sehr viel besser ging's,

wenn ich allein wär mit der Sphinx,
um ihr zertrümmertes Gesicht
in Ruhe zu studieren. Bricht
doch ständig etwas neuerdings

aus dem morbiden Antlitz; links
schon mehr als rechts. Die Nase – ach! –
ist abgebröckelt und jetzt flach. –
Ich mag dich trotzdem, alte Sphinx!

Spieglein, Spieglein!

Ich sitze in der Spiegelbar
am Tresen und es wird mir klar,
dass das, was ich im Spiegel sehe,
egal wie ich mich wende, drehe,
ich selber bin. Na, welch ein Graus!
Ich find', ich seh beschissen aus.

Mein Konterfei, das aus dem Spiegel
mir wie gefangen hinter Riegel
und Schloss entgegenblickt, ist blass.
Es trifft mich tief. Ich werte das
als einen Mangel und bestelle
mir zwei, drei Whisky auf die Schnelle.

Die wirken, doch der Spiegeltyp
ist mir deshalb nicht wirklich lieb.
Er schaut ganz dösig aus der Wäsche.
Was wär' wohl, wenn ich ihn verdresche?
Ich trinke weiter. Weißwein jetzt.
Mein Gegenüber ist vergrätzt.

Das irritiert mich, macht mich sauer.
Was glotzt der wie ne Klostermauer?
Zum Teufel, denk ich, mit der Schau!
Ich werf' mein Glas und treff' genau
die Fratze. Spiegelglas zersplittert.
Man schmeißt mich raus. Ich bin erbittert.

Sprit und Kultur

Dass Sprit den „Spirit" fördert, weiß
ein jeder, der gern einen trinkt.
Und „in good spirits" ist der Greis
dank Branntwein, wenn sein Schifflein sinkt.

Durch Ethanol – den Alkohol –
gewinnen Bier, Likör und Wein
die Süffigkeit. Man fühlt sich wohl
als Trinker, wenn der Sprit ist rein.

Den Geist bezeichnet der Lateiner
als „spiritus" und unsren Schnaps
als „aqua vitae". Ein ganz feiner
ist Doppelkorn. Auch Schnaps aus Raps

ist machbar, aber eher selten.
Im Himbeer- und im Birnengeist
vereinen sich die heilen Welten
von Frucht und Spiritus echt dreist.

Die geistigen Getränke oder
Spirituosen und die Weine
und Biere sind ein höchst kommoder
Kulturbeitrag, wie ich hier meine.

Die Stechmücke: schuldig!

Erst sticht sie mich so gut sie kann
in meinen nackten Arm und dann
senkt sie ins Blut mir ihren Rüssel,
als sei ich eine Sirupschüssel.

Sie sticht und saugt wie Myriaden
von andern Mücken. Eingeladen
zum Vampirismus ist sie nicht.
Ich bring sie deshalb vor Gericht.

Im Nu wird der humane Denker
zum Einzelrichter und zum Henker.
Kein Zweifel an der Schuld der Mücke
auf Seiten des Gerichts zum Glücke!

Das Urteil wird sofort vollstreckt.
Ein Schlag. Die Mücke ist verreckt.
Auf Blutdurst steht die höchste Strafe,
der Tod. – Auf dass ich weiterschlafe!

equila

Tabula rasa

Da machten sie Tabula rasa.
Sie hauten gleich alles vom Tisch:
den Käs' und das Knäck'brot von Wasa,
Gemüse, Geschirr und den Fisch,

das Fleisch und die Butter, die Becher,
gefüllt noch mit köstlichem Wein,
und auch den japanischen Fächer,
die Gläschen mit Obstwässerlein,

die Brille und die Servietten.
Das Tischtuch aus schwerem Damast
flog runter. Sie wollten nichts retten,
denn ihnen war alles verhasst.

Der Tagesbefehl

Gespannt sitzt er vor dem Problem.
Er starrt es an, das Einweckglas.
Die Sache ist nicht angenehm,
erfordert Mut im Übermaß.

Er greift hinein und holt sie raus,
die Kröte, die er schlucken muss.
Bestimmt kein exzellenter Schmaus,
für niemanden ein Hochgenuss!

Die Whisky-Flasche steht parat,
denn ohne Whisky scheint es ihm
unmöglich, sich zu dieser Tat
zu zwingen. Das ist legitim.

Die Kröte schaut ihn trotzig an,
als quake sie: Das machst du nie!
Er grinst berechnend. Irgendwann
verschlingt er das verdammte Vieh

mit größtem Widerwillen und
wohl wissend um den wahren Zweck,
gießt reichlich Whisky in den Schlund
und geht hinaus aufs Achterdeck.

Der Ton macht's

Toni, der Tontechniker aus Tonga,
der mit der auffallend breiten Tonsur,
schlürft ein anregendes Tonikum,
das aus der Tonkabohne gewonnen wird.
So kann er den Job in der Tonkabine
viel besser erledigen. Mit Tonic, dieser
englischen Chininlimonade, hat Tonis
tonisches Getränk nichts gemeinsam.
Tonfolgen und Tonfrequenzen zwingen
Toni zuzuhören. Doch seine Gedanken
wären lieber beim Tontaubenschießen.
Toni sagt sich immer: Der Ton macht's.

Topform

Der Fassbinder hat es geschafft.
Perfekt ist das Holzfass, doch klafft
ein Loch in dem unteren Teil.
Das muss dort so sein, alldieweil

das Spundloch (so wird es genannt),
meist rund und ein wenig markant,
dem Zweck dient, das Fass zu befüllen
mit Wein oder Bier oder Güllen.

Ist erst die Befüllung geglückt,
wird zügig das Holzfass bestückt
mit einer Art Zapfen, dem Spund.
Der schließt jedem Fass seinen Mund.

Der Spundzapfen: welch ein Gewinn!
Die konische Form bietet Sinn.
Der Spund ist das Beste am Fass.
Er hütet das reifende Nass.

Im Falle von Wein oder Bier,
da merk ich den Fassstandort mir.
Und irgendwann zieh ich den Spund
vom Fass und dann sauf ich mich rund.

Total tüchtige Sumpfpumpen

Es trank der Schundromanverfasser
zu viel Miserabellenwasser.
Er wurd' erst blass und dann noch blasser.

Und schließlich kam's ihm hoch, dem Lumpen.
Er kotzte alles vor die Pumpen,
den ganzen Sumpf – mit kleinsten Klumpen.

Die Pumpen pumpten alles weg –
den Sumpf, das Zeug, den ganzen Dreck.
Es war für einen guten Zweck.

Der Trank

Installiert auf einer Bank
vor der Sake-Fässerwand,
ernste Miene, Füße schlank,
Haltung locker-imposant,
warte ich auf meinen Trank.

Durchaus froh bin ich, zufrieden,
dass das Fotoshooting jetzt
schon vorbei ist. Die soliden
Posen sind ins Bild gesetzt,
digital, im Licht verschieden.

Shinto-Schreine haben Fässer,
strohverpackt, mit Reiswein voll.
Sake heißt er oder besser
wohl Nihonshu. Da mein Soll
ganz erfüllt ist, die Gewässer

meines Körpers Tiefstand haben
und auf reichlich Zustrom hoffen,
habe ich, um mich zu laben,
Sake mir erbeten, offen
Durst gezeigt. Doch von den Gaben,

also Opfergaben, die
Schrein und Gottheiten gespendet
sind, wo Rituale wie
auch Sermone unvollendet
blieben, darf – weil Blasphemie –

nicht ein Schluck entheiligt werden.
Wasser ist deshalb der Trank,
den die Miko-san – auf Erden
wohl das lieblichste Gerank,
eine Schreinmaid – mit Gebärden

großer Anmut mir serviert.
Höflich erst, dann gierig trinke
ich das Wasser, garantiert
aus des Schreines Quell. Ich winke
ihr, der Miko-san, versiert

meinen Dank zu, seh sie lächeln,
weiß und rot gekleidet, und
mit papiernem Fächer fächeln.
Ich erglüh. Mein Schweinehund
ist erwacht und schon am Hecheln ...

Traudes Unglück

Der Pader war's, der unsrer Traude
das weiße Hochzeitskleid versaude.
Das kam, weil er nich' richtig schaude
und weil's beim Festmahl sich was staude.

Als er sie in der Kirche traude,
den Oddo und die gude Traude,
zu warmen Klängen einer Laude,
war's Kleid noch sauber. Doch dann baude

Merkwürden Scheiße, denn er haude
den Rotwein um. Und der ging Traude
todal aufs weiße Kleid, versaude
die Stimmung auch und klaude Traude

den letzden Nerv. Der Pader traude
sich noch zu sagen: „Horch, ich oude
mich hier als Täder!" – Dann war Flaude.
Und Oddo nahm die Angetraude

mit sich nach Hause und bebaude
das Feld. Und seine Traude kaude
auf ihren Fingern. Ja, da braude
sich was zusammen. Tief im Kraude,

am nächsden Tag, da meinde Traude
zum Oddo, den's schon vor ihr graude:
„Den Pader, der mir all's versaude,
erschlag ich morgen mit der Laude ..."

Traum und Erwachen

Der nackte Mull im Erdreich ruhte
auf einem harten Bett aus Dreck.
Ihm war nach einem Traum zumute,
und so begab er sich hinweg.
In tiefem Schlaf fand er sich wieder
im Garten Eden unterm Flieder.

Er war dort nicht allein, der Mull.
Der nackten Mulle gab es viele.
Ein paar von ihnen spielten Boule.
Die meisten hatten andre Ziele.
Sie fühlten frei sich als Nudisten
und zeigten, dass sie nichts vermissten.

Weil Mulle ja im echten Leben
nie etwas trinken, wie man weiß,
kommt's, dass sie sich die Kante geben
im Traum. Das ist dann richtig heiß.
Auch unser Mull saß an der Bar
und soff dort wie ein Missionar.

Die langen Vorderzähne waren
beim Süffeln ihm sehr hinderlich.
Und so verschüttete er Klaren,
zerbiss auch Gläser überm Strich.
Im Ganzen aber lief es gut
und er war mehr als wohlgemut.

Zu ihm gesellte sich – wie nett! –
ein knackig-nackeliges Mullchen.
Sie wusste viel zum Thema Bett
und teilte sich mit ihm ein Pullchen
Champagner. Dadurch wurde – ach! –
er erstens krank und zweitens wach.

Ein Trinkgedicht

Ist die Verwirrung erst komplett,
wird das Gedicht so richtig nett:

Im Buddhistischen Standesamt
– äh, Statistischen Bundesamt –
trinken die Heunde des Frauses
– äh, Freunde des Hauses –
den Schnatteldaps aus Titerlüten
– äh, Dattelschnaps aus Litertüten.

Ist das Gedicht zum Abgewöhnen,
muss man zum Trost sich einen dröhnen.

Prost!

Trinkgewohnheiten

Der Münchner – willensstark und klug -
säuft Bier geschickt aus einem Krug.
Der Düsseldorfer – wohlgestalt –
braucht stets ein Trinkglas für sein Alt.

Der Kölner – lebensfroh und pur –
schluckt Kölsch beherzt aus Stangen nur.
Der Dortmunder ist keine Nulpe.
Er trinkt das Pils aus einer Tulpe.

Der Flensburger befreit salopp
zuerst das Flens mit einem *Plopp*,
setzt dann die Flasche an den Kopp
und bringt's zu Ende ex-und-hopp.

Über ‚Los'

Der Würfel zeigt sechs und ich rücke
nicht vor bis zur Schlossallee. Nein!
Ich spring von der Waldschlösschenbrücke
ins Flüsschen voll Starkbier hinein.

Dort tauch ich und plansch ich und mach mich
von innen nach Herzenslust nass.
Als ich über ‚Los' komm, da lach ich.
Auf ‚Los' ist ja immer Verlass.

Mein Leben beflügelt mich derart,
dass ich auf der Badstraße abheb.
Zur Venus geht heut' meine Leerfahrt,
wo ich mir die Kante im Pub geb.

Der Absturz verschafft unverzüglich
und jokerlos mir das Gefängnis.
Im Knast ist rein gar nichts vergnüglich.
Allein, weil die Zelle so eng is'.

Nach Runden bei Wasser und Brot nur
komm frei ich und fühl mich gleich top.
Am Bahnhof erwisch ich die Kotspur
von Eseln im Schweinegalopp.

‚Frei Parken' ist nicht meine Sache.
Ich schleich mich zum Opernplatz weiter,
wo ich eine Oper verlache.
Das stimmt die Passanten dort heiter.

Im Wasserwerk lass ich mich nieder
und putz meinem Würfel die Augen.
Ich weiß, über ‚Los' komm ich wieder.
Doch nur, wenn die Augen was taugen.

Die Übertreibung

Ich treibe eine Sau durchs Dorf,
vorbei am Kirchlein und am Gasthof,
und hetze sie bis in den Torf.
Genug! Sie findet diese Hast doof.

Gemütlich gehen wir zurück,
die Sau und ich, und kehren ein
im Gasthof, wo zu aller Glück
der Gast willkommen ist als Schwein.

... und läuft und läuft ...

Wer fraglos viele Biere säuft
und fraglos oft zum Pinkeln läuft,
der fragt sich irgendwann einmal,
wenn still er steht am Urinal
und wieder pisst mit hellem Strahl,
der fragt sich, wenn er sieht, was läuft
und wie sein Klobesuch sich häuft,
der fragt sich als bedachter Mann,
was ohne Beine laufen kann.

Zunächst fällt ihm da nicht viel ein.
Er kratzt sich stumm am Nasenbein.
Doch dann spürt er ganz im Geheimen,
wie passend ihm die Reime keimen:

Der Lebertran läuft in die Schüssel.
Dem Elefanten läuft der Rüssel.
Der Motor läuft auf hohen Touren.
Das Stoßgeschäft läuft bei den Huren.
Der Sand der Sanduhr läuft nicht weit.
Die Stoppuhr läuft genau auf Zeit.
Den Menschen läuft die Zeit davon.
Doch nichts läuft heut im Stadion.
Das Band läuft langsam von der Rolle.
Die Show läuft mit Erfolgskontrolle.
Das frische Bier läuft aus dem Fass.
Es läuft der Schweiß und macht was nass.
Das meiste läuft vor Publikum.
Mal läuft was gut, mal läuft was dumm.
Was wie auch immer läufig ist,
wird lästig, wenn's zu häufig ist.

Er bringt die Reime zu Papier,
bestellt sich noch ein großes Bier
und denkt, indem er dieses trinkt,
dass ihm die Lauferei jetzt stinkt.

Unter den Linden

Berlin, Prenzlberg,
Thüringer Stuben.
Wir ganz klar an der Bar,
weil sonst nicht viel war.
Und Gefühle fast wie
unter den Linden.

Sagte zum Sohnemann:
Wodka – der gute – hilft.
Rief zum Barmann:
Zwei Wodka – den guten!
Und Gefühle so gut wie
unter den Linden.

Sohnemann meinte dann:
Komm, Papa, noch einen!
Ich gleich zum Barmann:
Noch ne Runde Wodka!
Und Prost! – Gefühle wie
halbwegs unter den Linden.

Ich nun zum Sohnemann:
Aller guten Dinge sind drei,
verstehst du? – Und zum
Barmann: Noch zwei bitte!
Weg damit! – Beste Gefühle,
ganz wie unter den Linden.

海波百羔乃长

ollrausch

Volle Dreizehn

Steht der Hamster in der Scheune,
steht er dort nicht lang allein.
Drei, vier Hamster kommen rein.
Bald schon sind es mehr als neune.

Zehn, elf Hamster treffen sich,
um ein Scheunenfest zu feiern
– irgendwo in Niederbayern,
äußerst kameradschaftlich.

Dreizehn Hamsterkerlchen sind
letztlich bestgelaunt beisammen.
Sie zwar aus nem Kornfeld stammen,
feiern aber mit Absinth.

Dreizehn Flaschen dieses Stoffes
sind am späten Abend leer,
dreizehn Hamster kreuz und quer.
Vollrausch überlebt? – Ich hoff es!

Vom Nichts kommt nichts

Ein Nihil- und ein Atheist,
die treffen sich zum Meinungsstreit.
„Wie kommt's, dass du dagegen bist?",
fragt gleich der Nihilist mit Schneid.

„Bin nicht dagegen", spricht der A-
theist, „mir fehlen nur Beweise
für Christus, Jahve und Allah,
weshalb ich keinen Gott lobpreise.

Und was bedeutet dir das Nichts?"
Der Nihilist erwidert offen:
„Das Nichts umhüllt mich angesichts
des leeren Seins und lässt mich hoffen,

dass ich mein Nichtsein bald begründe
und mich das Nichts auf ewig nichtet.
Drum mit dem Nichts ich mich verbünde.
Ich spür, es fühlt sich mir verpflichtet."

Der Atheist besinnt sich kurz
und stöhnt dann: „Gehn wir einen trinken!
Das Thema ist ein trock'ner Furz,
der nichts bewirkt, als mir zu stinken."

„Beschlossen!", ruft der Nihilist.
„Ein wohlgefülltes Glas ist besser
als nichts im Glas. Wie wär es trist,
das Leben, ohne Rotweinfässer!

Und leugnet man auch vehement
das Göttliche in allem Leben,
ist's doch wie himmlischer Advent,
hat man das Zäpfchen nicht mehr kleben."

So lassen sie den Meinungsstreit
auf sich beruhn und widmen ganz
dem Rotwein ihre Zweisamkeit.
Ein Prosit allem Firlefanz!

Die Vorspeise

„Rollmops", sprach der Dichter Schiller,
„hör er zu! – Ich frag' ihn: Will er
hier und jetzt verspiesen werden
oder äußert er Beschwerden?

Sag er mir: Ist er zu sauer?
Liegt auf ungewisse Dauer
er im Magen und stößt auf?"
Dichter Schiller nahm's in Kauf,

dass der Rollmops schwieg und aß
ihn, wobei er nicht vergaß,
einen Schnaps ihm nachzugießen.
Ja, er ließ den Schnaps gut fließen.

„Rollmops", sprach der Dichter Schiller,
„hör er zu! – Ich frag' ihn: Will er
schwimmen oder will er nicht?
Schwimmen ist des Rollmops' Pflicht!"

Was alles im Wein liegt

Wer immer was mit Wein im Sinne hat,
der folge diesem einen guten Rat:
Das Weingeschäft lässt sich erfolgreich lenken,
doch muss man allzeit reinen Wein einschenken.

So hin und wieder finden brave Zecher
ein Bröckchen Weinstein tief in ihrem Becher.
Der edle Trinker stellt sich so die Frage,
was alles kommt im guten Wein zur Lage.

Denn schon die Römer wussten zu berichten
in ihren Rhein-romantischen Gedichten
vom süßen Wein, in dem die Wahrheit liegt,
der trotzdem nicht ein Quäntchen schwerer wiegt.

Und kürzlich kam aus Frankreich frohe Kunde.
Was viele ahnten, ist in aller Munde:
Man trinke täglich von dem Saft der Reben!
Im Wein Gesundheit liegt und langes Leben.

Wasser, bitte!

Whisky-Kenner oder -Hasser?
Beides nicht. Trink lieber Wasser.
Weißwein, Schnäpschen oder Bier?
Nichts davon. Das rat ich mir.

Bin am Schlusspunkt angekommen,
hab die Warnung klar vernommen.
Weiter so kann's nicht mehr gehen,
will vorm Spiegel ich noch stehen

und mir in die Augen schauen.
Will mein Leben nicht versauen.
Trotz erkannter Defizite
bleib ich trocken. Wasser, bitte!

Wasser fürs Leben

Wasser: Was das in der Welt alles kann!
War's doch schon früh da, als alles begann.
Wasser des Lebens wurd's häufig genannt.
(Jetzt ist Eau de Vie als Branntwein bekannt.)
Wasser versorgt die gesamte Natur.
Ohne das Wasser verlör sich die Spur
irdischen Seins im unendlichen Sand
einer verwüsteten Welt, die den Rand
(jenen des Abgrunds) hätt' längst überschritten.
Ihr wär das Leben beizeiten entglitten.

Wasser fürs Leben: Wer bräuchte es nicht
täglich zum Trinken, für manches Gericht?
Bald schon hat alle Verschwendung ein Ende,
gibt es in unseren Köpfen die Wende.
Morgen vielleicht schon wird niemand verstehen,
dass wir das Wasserproblem heut' umgehen.
Wasser: Das wichtigste Grundelement,
dessen Bedeutung man ahnungsvoll kennt.
Letztlich wird Wasser im Wert sein wie Gold.
Das hat der Mensch dann bestimmt nicht gewollt.

Der Wassertest

Der coole Hund ist sowas von
unglaublich cool, ein Oberon
der Hundewelt, dass er beizeiten
und mit Applaus von allen Seiten
zum coolsten Hund erhoben wird.
Man ist da gänzlich unbeirrt.

Als kurz darauf derselbe Hund
ins Wasser fällt und ungesund
viel Wasser schluckt und fast ertrinkt,
weil er nicht schwimmt und drum versinkt,
erscheint nach seiner Rettung er
nicht ganz so cool und männlich mehr.

Der Weg zur Hölle ...

Am Neujahrstag in Katerstimmung
man einen guten Vorsatz fasst,
weil man sein Trinkverhalten hasst,
wie eine Kuh die Bergerklimmung.

Oh Gott, was war das ein Gelage!
Vor allem gab's zu viel zu trinken.
Nicht EIN Drink ließ vorbei sich winken.
Der Kopfschmerz heut' war keine Frage.

Man weiß es seit Jahrzehnten schon:
Ganz schlimm sind Saufereien immer.
Und eins macht alles nur noch schlimmer:
die Durcheinandertrinkoption.

Im Kopf, da hämmert's wie verrückt.
Der Magen droht mit Übergabe.
Man fühlt sich wie ein kranker Rabe,
ist schwächlich, leidend und bedrückt.

Zum Trost muss jetzt ein Vorsatz her:
„Ich will das nie mehr wieder tun."
Man schwört drauf, wie aufs Ei das Huhn.
Doch glauben kann es keiner mehr.

Weihnachtstrinken

Da Rudolph Ren, das Schlittentier
vom guten alten Weihnachtsmann,
aufgrund der roten Nase mir
und dir vertraut ist, fragt sich, wann

man Rudolph einmal treffen kann,
um fröhlich mit ihm zu erzählen
von alten Zeiten und sich dann
mit ein paar harten Drinks zu stählen.

Am liebsten wär's mir in der Kneipe
gleich um die Ecke – „Jingle Bells".
Dort rückt man sich mit Schnaps zu Leibe
und steht am Tresen wie ein Fels

in weihnachtlicher Meeresbrandung.
„Je mehr man trinkt", würd' Rudolph sagen
mit Blick auf seine Tresenstrandung,
„wird umso wilder das Betragen."

Vermutlich lässt der Weihnachtsmann,
der seinen Rudolph bestens kennt,
uns gar nicht an das Rentier ran.
Er hätt' ein gutes Argument:

Fängt Rudolph mit dem Trinken an,
hört frühestens er damit auf,
wenn er nicht länger stehen kann.
Und dann nimmt Schlimmes seinen Lauf.

Besoffen, wie der Rudolph ist,
fällt er als Schlittentier ganz aus.
Das wär' ein riesengroßer Mist,
dem Weihnachtsmann ein echter Graus.

„Du Hirsch!", hör' ich den Weihnachtsmann
schon schimpfen. – Also nicht zu dritt.
Doch du und ich, ein Mordsgespann,
wir trinken ... und für Rudolph mit.

Die Wende

Als Mitternachtsmilchtrinker
war er im Dorf Legende.
Die fremde Trinkgewohnheit
bedeutete die Wende
im Leben mancher Säufer.
Sie kotzten ins Gelände.

Wenn's einen wurmt ...

Das Glühweinwürmchen kann man nicht
so ohne Weiteres im Wein
erkennen, was für beides spricht:
das Würmchen und den roten Wein.

Man spürt das Glühweinwürmchen aber
am „Tag danach", wenn nicht schon früh'r.
Es äußert sich durch ein Gewaber
im Kopf. Man fühlt sich „clair-obscur".

Mitunter führt das Würmchen auch
zu Schmerzen in der Schädeldecke
und Unwohlsein im Oberbauch,
will sagen: Magen. Üble Zwecke

soll man dem Glühweinwürmchen bitte
nicht unterstellen, denn es kann
ja nichts dafür. Die Defizite
des Menschen sind ihm ein Tyrann.

Wermut

Wer Mut hat, also mutig ist
und in den Neuschnee Herzen pisst,
der rettet, wenn es schlimm kommt, Leben
und geht danach zum Wermutheben.

Wer Wermut trinkt, sich mutig gibt
und stets zu viel des Guten kippt,
um sich dann schwer zu übergeben,
der sollte nach was andrem streben.

Wer Mut zum Wermut gern beweist,
sich nicht gleich in die Hosen scheißt,
wenn er so nebenbei erfährt,
dass Wermut gilt als darmbewährt,

der sei willkommen unter uns.
Wir setzen nicht auf Hinz und Kunz.
Bei uns läuft keiner aus dem Ruder.
Auf die Gesundheit, Wermutbruder!

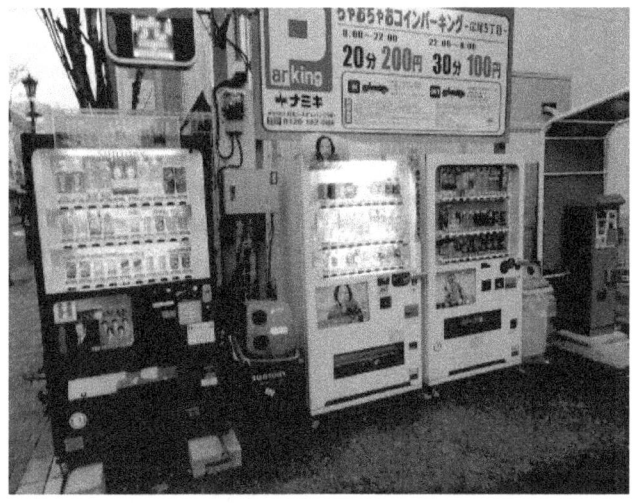

風波百業乃長

Die Zwei

Bierkrug und Teetasse kamen
täglich zur Mahlzeit zusammen.
Auffällig sie sich benahmen,
Firlefanz ließ sie entflammen.

Teetasse gab sich oft dämlich.
Bierkrug nahm alles genau.
Wundern tat's keinen, weil's nämlich
läuft so bei Mannsbild und Frau.

Wortstreitereien zum Trotze
liebten sie innig sich und
brauchten wohl auch das Gemotze –
Bierkrug und Teetasse, bunt.

zwei freunde

zwei freunde
saßen nebeneinander
in der weißen wüste
(kalksteinwinderosion)
die hosenböden weiß

zwei freunde
erzählten vom leben
und tranken aus einer halb
vollen whiskeyflasche
richtung sonnenuntergang

zwei freunde
hielten sich fest im arm
und waren sich spontan einig
die leere whiskeyflasche
an ort und stelle zu vergraben

Der Autor

Günter Langenberg, 1952 in Hückeswagen im Bergischen Land geboren, ist seit 1974 im deutschen Auswärtigen Dienst tätig. Durch seinen Beruf als Diplomat war er auf Posten in Istanbul, Algier, Tokyo, Reykjavik, Osaka, Kairo und Washington, DC. Zurzeit lebt und arbeitet er wieder in Tokyo.

Er schreibt seit über 40 Jahren Gedichte und bezeichnet sich gerne als Freizeitpoet und Reimkünstler. Die Vielfalt der deutschen Sprache und die Möglichkeiten, sich darin spielerisch auszudrücken, faszinieren ihn nach wie vor. Der Humor – das Komische – kommt in seiner Lyrik nicht zu kurz.

Inspiriert u. a. von Wilhelm Busch („Wer Sorgen hat, hat auch Likör.") und Robert Gernhardt („Ich sprach: Wasser werde Wein! / Doch das Wasser ließ dies sein."), findet Günter Langenberg einen besonderen Gefallen daran, sich poetisch mit dem Thema „Alkohol" zu beschäftigen. Im vorliegenden Gedichtband beleuchtet er den Genuss alkoholischer Getränke auf amüsante Weise, manchmal aber auch mit erhobenem Zeigefinger. Er zeigt in vielen lyrischen Inszenierungen, dass das Trinken von Bier, Wein und „Geistigem" in unserer Gesellschaft eine prominente Rolle spielt und kulturelle Relevanz hat. In einigen Gedichten wird aber auch deutlich, dass der Alkohol manchmal eher ein Feind als ein Freund ist. Günter Langenberg verschweigt nicht, dass es sich dabei – nüchtern betrachtet – um eine Droge handelt, die süchtig machen kann.

2003 erschien sein erster Gedichtband „Wie ging der Mops wohl hops? – Tierisches querbeet" im R. G. Fischer Verlag. In den folgenden Jahren beteiligte er sich mit seinen Gedichten an zahlreichen Anthologien, z. B. an **Wortbeben**, einer 2007 im Lerato-Verlag erschienenen Sammlung komischer Gedichte, und an **So (ne) Nette**, einer 2013 im chiliverlag erschienenen Sammlung lyrischer Poesie im Sonett-Gewand.

Eine repräsentative Auswahl aus seinem Werk, das etwa tausendfünfhundert Gedichte umfasst, ist in Günter Langenbergs **Lyrikscheune** unter http://lyrikscheune.com im Internet zu finden. Ebenfalls unter dem Namen **Lyrikscheune** ist der Autor im Netzwerk Twitter fast täglich mit Tweets – kurzen Textnachrichten mit max. 140 Zeichen – dabei.

Sein **Gezwitscher** (367 Tweets mit Reimen – #TMR) ist 2011 im Pro BUSINESS Verlag als Gedichtband erschienen.

Erläuterungen zu den Abbildungen

S. 5 Alte japanischee Volksweisheit

S. 8 „Mokkiri" – ein Sake-Gedeck, wie man es in Japan im Landkreis Aizu, Präfektur Fukushima, kennt. Es besteht aus einem Glas, einem Holzkästchen (Masu) und einer Keramikschale. Die drei ineinanderstehenden Gefäße werden randvoll mit Sake gefüllt.

S. 11 Der Tanuki (Marderhund) gilt in Japan als Sake-Freund. Tanuki-Figuren stehen oft vor Kneipen zur Begrüßung der Gäste. Der Tanuki hält einen Sake-Krug und ein „Schuldenbuch" (O'tohri), worin in früheren Zeiten eingetragen wurde, wie viel Geld der Kunde dem Getränkehändler schuldete. Einmal im Jahr – am 31. Dezember – wurden die Schulden beglichen.

S. 23 Roter Wein in schönen Flaschen

S. 24 Das Otoso-Set dient dazu, Sake zu Neujahr in einer Glück bringenden Shinto-Zeremonie zu servieren. Es handelt sich dabei um süßlichen Sake, angereichert mit Kräutern.

S. 41 Was würde wohl Günter Grass dazu sagen?

S. 45 Sake – auch als Reiswein bekannt – schmeckt hervorragend zum japanischen Essen. Man trinkt ihn kalt (reishu) oder warm (atsukan), süßlich (amakuchi) oder trocken (karakuchi).

S. 55 Awamori, der Reisschnaps von Okinawa, wird aus schönen Gefäßen getrunken. Hier: ein Trinkset aus Kozayaki-Keramik

S. 61 „Ess-Kneipe" in Tokyo

S. 70 Der Tokkuri – ein Sake-Gefäß, mit dem warmer Sake serviert wird – trägt das Schriftzeichen „Sake". Getrunken wird der Sake aus dem Sakazuki (Ochoko), dem Sake-Becher. Die Mäuse sind ein Symbol für materiellen Wohlstand. Auf der Glocke steht „Glück" (fuku). Die Maus auf der Glocke hält ein Schild mit der Aufschrift „Öffnung für mehr Glück" (kaiun).

S. 82 Japanische Landschaft: Reisfelder mit gepflegter Struktur

S. 87 Die Angama-Masken haben ihren Ursprung auf den Yaeyama-Inseln, wo sie zur Ehrung der Vorfahren anlässlich eines feucht-fröhlichen Festivals im Sommer getragen werden.

S. 113 Der Maskenblick eines Buddhas ...

S. 114 Getränkeautomaten in Tokyo – direkt am Bürgersteig: Erfrischendes und Stärkendes – auch für den „Tag-danach"

S. 131 Bierflaschen im Dreiecksformat in einem Shinto-Schrein als Opfergabe für die Götter

S. 163 Sake-Brauerei in der Stadt Aizu-Wakamatsu

S. 177 Sake-Brauerei in Hida-Takayama

S. 185 Restaurant in Tokyo

S. 191 Für den göttlichen Durst: Sake-Fässer im Toshogu-Schrein in Nikko

S. 203 Getränkeautomaten in Tokyo – mit und ohne Beleuchtung

Inhaltsverzeichnis

Die Reihenfolge der Gedichtüberschriften ist absichtlich nicht konsequent alphabetisch. Der / Die / Das und Ein / Eine wurden nicht berücksichtigt.

Vorwort	7
Fünf Vierzeiler zur fröhlichen Einstimmung …	9
abgenibbelt	13
Alle Jahre wieder	14
Alles mit Aal	15
Am Ende ist alles anders	18
Amira	19
Die Audienz	20
Aufforderung zum Sekttrinken	21
Ausgetrocknet	22
Bar jeder Vernunft	25
Beerenauslese	27
Die Beichte	28
Beim Wein mit Dr. Faust	29
Die Besinnung	32
Der besondere Abend	33
Das besondere Datum	35
Bier	36
Bier her!	37
Broiler post mortem	38
Brot	40
Cheers!	43
Chinesische Küche	44
Dame und Maus	47
DaRum	50
Die Diagnose	51
Dichter Nebel und der Wandteufel	52

Diszipliniertes Verhalten	53
Dreiklang	54
Echt bitter	57
Eierlikör	58
Eigenlob	59
Die Erreichung des 4. Aggregatzustands	60
Die Flugreise	63
Forelle blau	64
Freitagabends	65
Freiwilliger Entzug	67
Fun	69
Gaumenfreuden	71
Das Gedicht	73
Gegenmaßnahmen	74
Das Geheimnis der Rülpse	75
Der Geist ist willig	77
Gepanzerte Früchte	79
Gnangara	80
halbwegs hin	83
Die Hochzeitsreise	85
Im Advent	89
Im elften Monat	90
Immer der Gärtner	91
Im Teufelskreis	95
In der Kneipe	97
Der IQ	99
Kakerlakensommer	101
Die Karnevalsblume	102
Kein Problem	103
Kein Sonntag wie jeder andere	104
Kosmologie am Deutschen Eck	106
Mammon	109
Der Mantel	111
maskenblick	112
Marktplatzszenen	115

Mein Hamster	118
Mit Eintopf zum Sieg	119
Das Mittel	121
Mitten drin	122
Mops und Mausbock und die Schnapsidee	123
Nach dem zweiten Whisky	127
Nachtschichtarbeit	128
Naschwerk	129
Nichts Böses dabei, oder?	130
Ohne Happy End	133
Pilsner from the bottle	135
Rabe der Schluckspecht	137
Rock in den Alpen	139
Rotzlams feuchtes Ende	141
Rudolf und die Vögel	142
Die Sache mit dem frischen Pilz	147
Schmerzliche Ernüchterung	149
Schnapsideen auf Grünkohlbasis	150
Der Schweinachtsmann	152
Single Malt	155
Small Talk	157
Die Sphinx	158
Spieglein, Spieglein!	160
Sprit und Kultur	161
Die Stechmücke: schuldig!	162
Tabula rasa	165
Der Tagesbefehl	166
Der Ton macht's	167
Topform	168
Total tüchtige Sumpfpumpen	169
Der Trank	170
Traudes Unglück	172
Traum und Erwachen	173
Ein Trinkgedicht	175
Trinkgewohnheiten	176

Über ‚Los'	179
Die Übertreibung	181
… und läuft und läuft …	182
Unter den Linden	184
Volle Dreizehn	187
Vom Nichts kommt nichts	188
Die Vorspeise	190
Was alles im Wein liegt	193
Wasser, bitte!	194
Wasser fürs Leben	195
Der Wassertest	196
Der Weg zur Hölle …	197
Weihnachtstrinken	198
Die Wende	200
Wenn's einen wurmt …	201
Wermut	202
Die Zwei	205
zwei freunde	206
Der Autor	207
Erläuterungen zu den Abbildungen	209
Inhaltsverzeichnis	211

Drube, Yves / Rodríguez, Luduing
poesía del paraíso infernal
poemas y fotografía de la república dominicana
978-3-943292-05-3, chiliverlag 2013, EUR 11,90

Dieser wunderschöne Fotoband auf hochwertigem Papier dokumentiert eine andere **Dominikanische Republik**, als wir sie aus Touristenkatalogen kennen. **Yves Drube** inszeniert und zelebriert Menschen des täglichen Lebens in aussagekräftigen Szenerien und erhebt sie allesamt zum Mittelpunkt seiner Fotokunst. Diese zeigt trotz gesellschaftlicher Schattenseiten die innere und äußere Schönheit der dominkanischen Menschen und der Natur.

Luduing Rodríguez dichtet gegen Ungerechtigkeit, Ungleichbehandlung und Missachtung der Menschenwürde an. Seine eindringlichen und aufrührerischen Verse richten sich an u.a. an die dominkanische Frau und geben ihr Rückendeckung und Schützenhilfe im Bestreben nach sozialer Anerkennung. Gleichzeitig sind besonders seine Liebesgedichte von schlichter Schönheit und ergreifender Melancholie.

Franziska Röchter (Hrsg.)
So (ne) Nette
Lyrische Poesie der Gegenwart im Sonett-Gewand
978-3-943292-07-7, chiliverlag 2013, EUR 11,00

Das Sonett lebt!

Es spricht für das Sonett, dass selbst einige Musiker zu den Dichtern dieser Anthologie zählen. 33 Poeten der Gegenwart, darunter Alex Dreppec, Frank Stückemann, Thomas Rackwitz, Jan-Eike Hornauer, Günter Langenberg u.v.m. sonettieren über wichtige Themen.

Mit einem Vorwort von Alex Dreppec und Coverfotos von Svenja Leopold, www.svenjamusic.de

www.ingramcontent.com/pod-product-compliance
Lightning Source LLC
Chambersburg PA
CBHW020757160426
43192CB00006B/353